산다는 것은

삶과 죽음, 존재와 선택에 대한 깊은 성찰

박철순 지음

산다는 것은

초판1쇄발행 2026년 1월 1일
초판2쇄발행 2026년 1월 7일

지 은 이 박철순
편 집 권 혁
디 자 인 김현순
발 행 인 권경민
발 행 처 한국지식문화원

출판등록 제 2021-000105호 (2021년 05월 25일)
주 소 서울시 서초구 서운로13 중앙로얄빌딩 B126
대표전화 0507-1467-7884
홈페이지 www.kcbooks.org
이 메 일 admin@kcbooks.org
ISBN 979-11-7190-170-8

산다는 것은

삶과 죽음, 존재와 선택에 대한 깊은 성찰

박철순 지음

한국지식문화원
BOOK PUBLISHING

서문
삶과 죽음이 우리에게 던지는 메시지

우리 인간은 죽는다. 언제 죽을지 모를 뿐이다. 그럼에도 우리 인간은 죽음이 우리와 상관이 없다는 듯이 산다. 마치 영원까지 살 것처럼 산다. 그러나 우리 인간은 생로병사(生老病死)의 굴레를 벗어날 수 없다. 인간이 아무리 건강한 신체를 가졌다 하더라도 늙고 병들고 결국은 죽을 수밖에 없는 것이다. 본능이나 육체적 측면에서 산다는 것은 죽어간다는 말이나 다름없다. 인간이 이렇게만 살면 동물의 삶과 별다른 차이가 없게 된다. 그렇다면 인간으로서 제대로 산다는 것은 무엇을 의미하는가.

우리가 학생 시절을 돌이켜 보면 내일이 시험날일 때 '일주일만 더 남아 있다면 완벽히 준비하여 시험을 잘 볼 텐데'라는 후회를 해본 적들이 있을 것이다. 그러면서 다음 시험에도 이것을 반복하기 일쑤였다. 우리 인간은 한 번뿐인 인생에서도 그런 실수를 범한다. 학교에서의 시험은 그래도 회복할 수 있는 기회라도 가질 수 있지만 인생은 한번 지나가면 영원히 돌이킬 수 없는데도 말이다. 우리 인간은 대부분 노년을 마주하기 전까지 젊음이 계속되리라 생각한다. 인간은 대체로 부모나 형제자매의 죽음을 접하거나 스스로가 중병이

나 큰 사고를 겪게 되었을 때야 죽음을 떠올리게 된다. 몹쓸 병에 걸려 몇 년의 시한부 인생을 살거나 90세 이상을 살아 언제 세상을 떠나게 될지 모르는 상황에 처했을 때 후회하지 않고 나름 잘 살아왔다고 자부하며 담담하게 죽음을 맞이하려면 어떻게 살아야 할까.

동물이나 식물처럼 생명이 있는 존재는 모두 죽음을 피할 수 없다. 인간 역시 마찬가지다. 인간은 태어나서 살다가 시간이 지나면 죽게 되어 있는 시간 속의 존재다. 시간 속에서 이 세상 모든 것은 변하고, 죽음도 이 시간의 흐름에 따라 나타나는 것이다. 따라서 죽음에 대한 성찰은 시간에 대한 성찰로도 나타난다. 죽음은 시간의 흐름에 따라 죽을 수밖에 없는 인간 자신의 존재를 생각하게 만들어 삶을 성찰하게 해 준다. 그리하여 인간은 동식물과 달리 자신의 유한함을 자각할 수 있기 때문에 의식적으로 무언가 흔적을 남기려는 노력을 하고 그 결과 문명과 역사를 만들어 왔다고 볼 수 있다. 따라서 우리 각자가 이러한 생의 유한함에 대한 자각과 의식적인 노력을 하지 않으면 동식물처럼 그저 살아지는 것이지 진정으로 산다고 보기는 어렵다.

그러한 측면에서 스티브 잡스(Steve Jobs, 1955~2011)가 생전에 스탠퍼드대 졸업식에서 한 연설 중 다음과 같은 말은 경청할 만하다. '제가 곧 죽을 거란 사실을 기억하는 것은 제가 인생에서 커다란 선택을 내리는 데 도움을 주는 가장 중요한 도구입니다. 왜냐하면 세상 거의 모든 것들, 외부의 기대라든가 자부심, 좌절과 실패 등등 이런 것들은 모두 죽음 앞에서 덧없이 사라지고, 오직 진정으로 중요한 것만 남기 때문입니다. ...죽음은 삶의 변화를 가능하게 하는 동력입니다. 죽음은 낡은 것을 없애고 새로운 것에 길을 내어

줍니다. 여러분의 시간은 제한되어 있습니다. 그러니 다른 사람의 인생을 사느라 자기 시간을 허비하지 마십시오. ...늘 갈망하고, 늘 우직하게 나가십시오(Stay hungry, Stay foolish).' 이러한 죽음에 대한 인식, 즉 우리의 존재가 유한하다는 인식에서 우리의 삶은 무한하지 않기 때문에 삶에 대한 어떤 방향성과 태도가 필요하다는 사유의 틀이 생긴다고 볼 수 있다.

우리는 사람이 죽는다는 사실을 제대로 인식하고 나아가 상징적인 죽음을 통해 과거의 나를 죽임으로써 새로운 나로 거듭날 수 있다. 물론 도스토옙스키(Fyodor Dostoevskii, 1821~1881)처럼 자신의 삶 속에서 이것을 실제 체험하며 큰 변화를 겪기도 한다. 도스토옙스키는 『가난한 사람들』을 발표하여 격찬을 받으며 문명(文名)을 떨치던 때 페트라세프스키 집에서 열리던 모임에서 금지된 서적을 읽고 자유주의적인 위험한 발언을 한 혐의로 체포되어 사형을 선고받았다. 다행스럽게도 도스토옙스키는 사형 집행 직전에 황제의 특사를 받아 사형이 면제되고 시베리아로 유형을 가게 되었다. 그는 사형 집행을 기다리던 마지막 5분이 영원처럼 느껴졌다고 회고했는데 이 사건을 계기로 그의 작품에 큰 변화가 있었고 『죄와 벌』과 같은 불후의 대작이 나올 수 있었다. 사람이 죽게 된다는 인식이 뚜렷할 때 삶에 대한 태도가 보다 절실해 질 수 있다. 죽음을 제대로 인식한 사람은 그 시점부터 새로운 존재가 되기 위해 이전의 존재와 결별하고, 나아가 혹독한 시련과 고난을 감당하고 극복하게 된다. 즉, 과거의 자신과 결별하는 결단을 내리고, 강한 의지를 바탕으로 새로운 자신을 만들어가는 지난한 노력을 기울이게 되는 것이다.

현재 지구상에는 80억이 넘는 사람들이 살고 있다. 인류가 지구상에 출현한 이래 수백억 명이 살다 죽었고 앞으로도 그 이상의 사람들이 태어나 살다가 죽을 것이다. 사람들 각각은 그 태어남 자체를 선택할 수는 없지만 일정한 제약 속에서 각자의 선택과 의지대로 삶을 살아갈 수 있다. 이렇게 각자가 살아가는 모습을 살펴보면 서로가 배울 점들을 찾을 수 있다. 『논어(論語)』에 '삼인행 필유아사'(三人行 必有我師)라는 말이 있다. '세 사람이 가고 있으면 그중에 반드시 나의 스승이 있다'는 말이다. 이 말을 조금 더 확장하면 사람은 누구에게나 배울 점이 있다는 얘기다. 따라서 내가 그동안 나름 치열하게 살아온 삶은 물론 그 속에서 만났던 수많은 사람들과 역사 속의 인물들의 삶을 통해 배웠던 것들을 살펴보는 것은 나 스스로의 삶을 재정립하는 계기가 되고 나아가 독자들의 삶에도 작은 참고가 될 수 있을 것 같다. 또한 급격하게 변화하는 시대와 사회 속에서 앞으로 우리가 어떻게 살아야 할지에 대해 고민을 나눠 보는 것도 의미가 있을 것 같다.

저자 박철순

TABLE OF CONTENTS

제 1 부
어떻게 살아 왔는가

1. 거북바위 정기를 받고 태어났다는데

사람들은 누구나 출생과 관련하여 각각의 사연을 가지고 있다. 이 사연들만 정리해도 금세 책 한 권을 쓸 수 있을 것이다. 나는 열다섯 채 정도의 초가집만 있는 작은 산골 마을 남의 집 사랑채에서 태어났다. 우리 집은 도회지에서 잘 살다가 내가 태어나기 얼마 전에 살림이 폭삭하여 아무런 재산도 없이 빚만 안고 이 산골 마을로 쫓겨 왔다고 한다.

이 산골 마을은 면사무소가 있는 면소재지 마을과 초등학교(당시에는 국민학교)로부터 5km 정도 떨어져 있었다. 면 소재지 옆을 흐르는 강을 뒤로 하고 한 지류를 따라 올라가면 그 양쪽을 달리는 300~400m 높이의 산들 사이에 어느 정도 너른 농경지가 펼쳐져 있고 더 올라가면 평지가 끝나고 좌우 산들이 접근하는 지점에 둑길이가 180m 정도 되는 큰 저수지가 나온다. 이 저수지를 지나 500m 정도 올라가면 나오는 산골 마을이 내가 태어나고 자랐던 곳으로 여기서 1km쯤 더 올라가면 지류의 발원지가 나온다. 면소재지에서 2km 정도까지의 비포장도로가 끝나면 이 산골 마을까지는 차가 다닐 수 있는 길이 닦여 있지 않았다. 그 비포장도로에도 버스가 거의 다니지 않아 이동은 도보로 할 수밖에 없었다. 또한 워낙 깊은 산골 마을이라 전기가 들어오지 않았고 수도 시설도 없어 공동 우물에서 물을 길어다 먹었다. 화장실은 소위 푸세식으로 일을 볼 때는 지독한 냄새와 다리를 헛디뎌 똥통에 빠질 수 있는 위험에 항상 노출되어 있었다. 일을 본 후 뒤처리는 나뭇잎이나 지푸라기 뭉치 또는 칙칙한 종이 쪼가리 등을 사용하여 따갑기가 이를 데 없었다. 산골이라 다랑이 논이나 완만한 산비탈면을 개간한 밭을 소와 쟁기를 이용하여 갈고 사람들이 일일이 씨를 뿌리고 모를 심어 경작하였다. 전반적으로 수확량이 적어 먹고 사는 형편이 넉넉지 못했고 우리 집처럼 논과 밭이 없어 소작농으로서 수확의 일정량을 소유주에게 내놓아야 하는 경우에는 더욱 곤궁한 처지에 놓이게 되었다.

어머님은 2녀 5남을 낳으셨는데 큰누님은 어려서 세상을 뜨셨고, 큰형님도 내가 초등학교 1학년 때 작고하셨다. 바로 위의 형님이 나랑 여덟 살 차이인데 내가 태어나기 전까지 오랫동안 막둥이였으니 나는 어찌 보면 실수로 태어난 셈이리라. 어머님이 마흔넷에 나를 출산하셨는데, 그 늦은 나이임에도 불구하고 더군다나 거덜 난 살림에 남의집살이하면서 아이까지 가졌으니 부끄러움과 사람들의 손가락질이 의식될 수밖에 없었다. 그래서 나를 지우고자 하셨다. 그러나 돈이 없고 교통도 불편하여 도회지 산부인과에 가지 못해 민간요법의 쓴 약초를 달여 드시기도 하셨다고 한다. 그럼에도 불구하고 다행스럽게도 아무런 신체적 장애도 없이 내가 세상에 태어난 것이다. 형편상 병원이 아니라 산골 산파 할머니의 도움으로 내가 세상의 빛을 보게 되었다. 노산하신 어머님의 젖이 잘 나오지 않아 갓난

아기를 가진 동네 아주머니들께서 젖을 먹여 주셨고 이마저도 부족해서 곡물을 곱게 갈아 먹였다고 한다.

남의 초가집 사랑채에서 태어날 수밖에 없는 집안 환경 때문에 나는 당시 그 지역에서 경제적으로 가장 열악한 상황에 놓여 있었다. 이러한 열악한 환경 때문에 초등학교 시절에 책가방과 운동화 대신에 책보자기를 매고 고무신을 신고 다녔고, 전과나 수련장 등 참고서는 전혀 사볼 수 없었다. 못사는 집안 형편 때문에 먹는 것이 부실해서인지 허약하여 초등학교 2학년, 3학년 봄 환절기 때마다 감기로 몸져누워 며칠씩 학교에 못 가기도 하였다. 전기가 중학교에 입학한 후에야 겨우 들어와 그전에는 밤이 되면 어르신들의 옛날이야기를 듣거나 라디오를 청취하다가 자는 게 일상이었다. 집에서 5km 정도 떨어져 있는 초등학교를 걸어서 또는 뛰어서 다니다 보니 달리기를 잘하게 되어 5학년과 6학년 때에는 학교 대표로 육상대회에 나가기도 하였다. 학교가 끝나고 집에 오면 소가 먹을 풀을 베어 오거나 집안일을 거들었고, 봄과 가을의 농번기에는 일손을 돕느라 학교에 가지도 못하였다. 그래서 개근상이나 정근상을 받지 못했다. 또한 워낙 열악한 환경에 살다 보니 돌 사진이나 생일 사진은 물론 초등학교 때까지의 내 사진 한 장 남아 있지 않다. 심지어 6학년 때는 반장임에도 불구하고 수학여행을 가지 못하였다.

당시 우리 집은 논밭이 없었기 때문에 소작을 하거나 높은 산비탈에 밭을 개간하여 농작물을 심었다. 논밭을 경작하려면 노동력만으로 불가능하기 때문에 소와 쟁기가 필요하였다. 쟁기는 아버님이 보습을 사다가 나무를 깎아 만드는 것으로 쉽게 해결되었다. 소는 다른 사람 집에서 새끼를 받아와 키운 연후 새끼를 낳으면 그 어미소는 원 소유주에게 돌려주고 새끼는 계속 키워 쟁기질에 활용하였다. 이것이 소위 말하는 '농업소'다. 이 소는 산골 마을 농사에 그야말로 핵심적인 역할을 하였기 때문에 여름에는 꼴을 베다 먹이고 겨울에는 외양간에 키우며 마른 풀더미와 물을 솥에 넣고 끓여 이른바 소죽을 만들어 먹이는 것이 중요하였다. 초등학교, 중학교 시절에 소꼴을 베는 것과 소죽을 쑤는 것은 내 몫이었다. 소죽을 쑬 때는 아궁이 불에 고구마나 밤을 구워 먹는 맛이 일품이었다. 밤은 그냥 넣으면 익으면서 튀어서 다칠 수 있기 때문에 넣기 전에 한쪽에 구멍을 내놓는 것이 필요했다. 여름방학에는 점심을 먹고 난 후 동네 아이들과 소를 몰고 산으로 가서 풀어놓고는 우리는 냇가에서 수영하고 물장구를 치거나 나무 위나 아래에 얼기설기 집을 지어 놀기도 하였다. 그러다가 해가 넘어가기 전에 소를 찾아 귀가하였는데 소를 몰고 일렬로 행진하는 모양새가 만들어졌다. 장난기가 발동하여 길에 떨어진 소똥을 앞에 두고 길 양쪽의 풀을 묶어서 뒤에 오는 아이가 걸려 소똥 위로 넘어지게도 하였다. 그 소똥이 얼굴이나 가슴에 범벅이 된 것을 보고 다른 아이들이 깔깔거리고 넘어진 아이도 멋쩍게 웃었다. 어쩌다 못 찾는 소가 있으면 밤에 동네 사람들이 총출동하는 경우도 생겼다.

그렇게 어려운 환경 속에서도 위에서 언급한 대로 달리기를 제일 잘하였고 공부도 반 1~2등으로 잘하는 편에 속했다. 그래서 경제 형편이 제일 좋지 않은 집에 살면서도 무시를 당하지는 않았던 것 같다. 나아가 다행스럽게도 시골 중학교와 도회지 고등학교를 거쳐 서울에 있는 대학에 진학하고 행정고시까지 합격하여 면 소재지에 플래카드가 두 번이나 붙기도 하였다. 이러한 나에 대해 그 지역에 계시는 분들이 '저 녀석은 필시 거북바위 정기를 받고 태어났어'라고 말씀하시기도 하셨다.

내가 태어난 마을의 뒷산은 높이가 500m 가까이 되는데 정상 20~30m 전에 거북이 형태의 커다란 바위가 있다. 이 거북바위는 길이 4m, 넓이 2m, 두께 1.5m 정도 되는 크기로 이보다 열 배 이상 큰 바위 위에 놓여 있다. 거북바위가 놓여 있는 이 기단 바위는 중간에 작은 방 크기의 공간이 형성되어 있다. 어려서 친구들과 가끔 이곳에 가 바위에 낫이나 못으로 이름을 새기고 거북바위에 올라 용왕님을 뵈러 가는 상상을 하기도 했고 그러다가 비가 오면 거북바위 아래 기단 바위에 형성된 공간에서 비를 피하곤 하였다. 이 거북바위로 가는 길 중간 300~400m 높이의 산비탈에 우리 집에서 개간한 밭이 있었는데 여기서 고구마를 캐서 지고 내려왔던 기억이 생생하다. 당시 동네 주변에는 모두 개간이 되어 있어 논밭이 없던 우리 집은 이렇게 높은 곳에서나마 개간하여 끼니를 때울 고구마를 키울 수밖에 없었다. 이 고구마밭이 거북바위와 가까워 내가 어려서 그 동네의 누구보다 많이 가보았다고 볼 수 있다.

놀랍게도 위와 같은 얘기를 들은 와이프가 첫째 아이를 임신했을 때 우리 아이도 거북바위 정기를 받게 해 주자고 하며 거길 가자고 하는 것이었다. 그래서 불룩한 배 속의 태아와 함께 그 거북바위까지의 험한 길을 올랐고 몇 개월 후에 사내아이가 무탈하게 태어났다. 아들이 태어난 지 10개월 후에 벨기에로 유학 파견을 떠나게 되었는데 와이프가 이제 아들도 거북바위를 직접 보게 해주어야 한다고 하여 출국 전에 내가 아들을 둘러업고 같이 거북바위가 있는 산을 올랐다. 아들보다 여섯 살 아래인 딸을 임신했을 때는 거북바위에 가지는 못했는데 딸이 태어나고 몇 개월 후에 업고서 거북바위에 가보았고 그 뒤로 가지를 못했다. 이제 아들이 대학생이고 딸이 곧 고등학생이 되니 조만간 같이 한번 가려고 한다.

2. 가난 속에서도 천진난만했던 시골생활

초등학교 시절 봄, 가을 모내기나 타작으로 바빠지면 어쩔 수 없이 학교에 못 가는 경우가 많았다. 그러다 보니 일하는 게 싫어서 어떤 때는 학교에 간다고 하고는 중간에 새서 친구들과 놀다가 귀가하는 경우도 있었다. 이런 경우를 우리는 '모퉁이학교' 간다고 명명했다. 학교에서 돌아올 때 배가 고프면 우리는 길가의 남의 농작물을 따먹기도 하였다. 오이나 가지 정도는 괜찮았지만, 생무는 속을 쓰리게 하여 고통스럽기도 하였다. 농작물을 따먹다가 주인에게 걸리면 야단을 맞았는데 어떤 경우에는 나무라시면서도 오히려 열매를 더 따서 주시기도 하였다. 보리가 익을 무렵이 되면 아이들은 원시시대의 수렵채집인 본능을 발휘하였다. 산자락에 가서 마른 나뭇가지들과 불쏘시개용 마른 풀잎들을 모아오고 불꽃이 튀게 하는 돌멩이들을 찾아와 어렵게 불을 붙여서 주위의 탐스럽게 여문 보리 이삭을 꺾어 구워 먹었다. 보리 이삭이 잘 구워진 후 손바닥으로 비비면 잘 익은 보리 알갱이가 나오게 된다. 이렇게 먹다 보면 입 주위며 얼굴에 숯검댕이가 묻게 되는데 서로의 이런 모습을 보며 깔깔거리면서도 흐뭇해했다. 어렵게 불까지 피웠는데 보리 구워 먹는 것으로 끝내기가 아까워 우리는 사냥 본능을 발동하게 되었다. 주위의 바위를 들춰내며 개구리 사냥을 하였고 잡은 개구리의 뒷다리를 날카로운 돌로 잘라내 불에 구워 먹었던 것이다.

식량이 부족한 산골 마을에 살았기 때문에 아이들은 늘 배가 고팠고 이에 따라 역시 생존본능이 발동하였다. 뒷산에 가서 자주 칡을 캐 먹었는데 소위 '밥칡'을 캐 씹어 먹을 때의 쾌감은 이루 말할 수 없었다. 가을에 산에서 밤, 감, 머루, 다래 등을 따와서 먹었고 심지어 초근목피(草根木皮)도 경험하였다. 가느다란 소나무 가지의 겉껍질을 벗겨내면 엷은 막이 나오는데 이것을 긁어 먹었고, 잔디의 뿌리를 캐서 물에 씻어 씹어 먹으면 단맛이 났다. 내가 살았던 산골 마을 뒤 작은 산등성이를 세 개쯤 넘으면 과거 빨치산이 이용하지 못하게 집들을 불태우고 사람들을 이주시켰던 더 깊은 산골 마을 자리가 나온다. 그 마을 터 주위에 고목 감나무들이 즐비하였고 늦가을이면 그곳에 가서 맛있는 홍시를 실컷 즐겼다. 농작물 서리와 관련하여 숨겨진 에피소드가 하나 있다. 어느 날 동네 아이 두 명과 복숭아 서리를 하러 갔다. 바닥에 떨어진 것과 우리가 딴 것을 합치니 열두어 개가 되었는데 이것을 담아갈 게 없었다. 내가 머리를 쓴다고 바지를 벗어 가랑이를 묶은 후 거기에 복숭아를 담아 근처 냇가로 와서 씻어 실컷 맛있게 먹었다. 거기까지는 좋았다. 바지를 입고 나서부터 복숭아의 잔털로 인한 가려움증이 생겼고 밤새 그것 때문에 끙끙 앓았다. 어머님이 어디가 아프냐고 걱정하셔도 사실대로 말을 못 하고 그야말로 남의 집 복숭아 서리를 한 대가를 톡톡히 치렀다.

산골 생활은 곡물이 부족하여 배불리 먹기도 어려웠고 또한 고기를 먹을 기회도 거의 없었다. 그러나 이런 상황을 해소할 수 있는 여러 가지 방법들이 동원되었다. 쥐를 잡기 위해 쥐약을 넣은 음식물을 여기저기 놓아두었는데 동네 어느 집 개가 이를 잘못 먹어 죽은 경우 그 개의 내장을 재빨리 들어내고 난 후 고기를 동네 집집마다 분배하였다. 여름이면 미꾸라지나 물고기를 잡아 요리해 먹기도 하였다. 가을이면 마당에 떨어진 곡식들을 주워 먹으러 참새들이 날아들 때 큰 판때기를 지지대로 비스듬히 세우고 그 위에 큰 돌을 놓은 연후 미끼 모이를 뿌려 놓은 판때기 아래로 참새들이 모여들면 멀리서 줄이 달린 지지대를 잡아당겨 참새를 잡아 구워 먹기도 하였다. 밤에 대나무 숲에 가면 비둘기들이 높은 가지에 앉아 잠을 자고 있는데 몰래 접근하여 대나무를 발로 차 비둘기가 밑으로 툭 떨어지면 이를 잡아 구워 먹기도 하였다. 겨울이면 덫을 놓아 토끼나 노루를 잡았고 때로는 꿩을 잡으려고 콩을 절반으로 잘라 가운데를 파서 청산가리를 소량 넣은 다음 촛농으로 이어 붙인 후 산 밑에 있는 빈 밭 작은 돌 위에 놓아두었다. 이렇게 두면 먹이가 부족한 겨울이라 새벽에 꿩이 내려와 이를 주워 먹었는데 아침에 가서 그 돌 위의 콩이 없어진 걸 확인하고 근처를 찾아보면 꿩이 죽어 있거나 날개를 퍼덕이고 있었다.

초등학교, 중학교 시기는 신체적으로 발육이 왕성해지는 시기고 또한 상상력이 풍부한 시기라 비록 산골 마을에 놀이터나 장난감과 게임기가 없어도 스스로가 다양한 놀이도구를 만들어 산천을 놀이터 삼아 누비며 즐겼다. 중간 크기의 대나무를 잘라 노끈으로 휘어 활을 만들고 작은 대나무 매듭 부분 앞을 날카롭게 깎아 화살촉으로 삼고 싸리나무를 화살대로 하여 그 매듭 뒷부분에 끼워 화살을 만들었다. 이렇게 만든 활은 우리 집 바로 뒤에 있는 아주 큰 참나무를 쏘아 넘기면 합격이었고 그렇지 못하면 다시 만들었다. 못 쓰는 칼을 작대기 끝에 꽂아 창을 만들었고 역시 안 쓰는 칼에 맞추어 칼집을 만들어 칼을 차기도 하였다. 이렇게 칼을 차고 활과 화살을 등에 메고 한 손에는 창을 들고 산천을 누비며 마치 장군이나 된 양 호령하고 다녔다. 세발자전거 같은 것이 없었기 때문에 스스로 탈 것을 만들었다. 어른 허벅지 크기의 통나무를 톱으로 2~3cm 두께로 썰어 가운데 구멍을 내서 바퀴를 만들고, 나무를 잇대어 만든 알파벳 A자 형태의 본체 약간 아래쪽에는 판때기를 대어 앉을 수 있는 자리를 만들고 더 아래 끝 쪽에는 축을 대고 양쪽에 바퀴를 달았다. 또한 A자의 구멍 사이로 들어갈 정도의 나무의 아래쪽에 구멍을 뚫고 축을 끼워 양쪽에 바퀴를 달고 위쪽에도 역시 구멍을 뚫어 막대기를 끼워 운전대 손잡이 역할을 하게 했다. 이렇게 하여 만들어진 것을 '구루마'라고 불렀는데 동력이 없기 때문에 이것을 메고 비탈길을 올라갔다가 타고 내려오면서 신나게 놀 수 있었다.

겨울에는 연을 만들어 띄웠는데 방패연, 가오리연 등을 주로 만들었다. 연싸움을 하다가 줄이 끊어져 저 멀리 산속으로 날아가면 그곳으로 달려가 찾아 헤매었다. 한겨울에는 썰매도 만들어 탔는데, 12월 초쯤 응달진 산속에 있는 논에 몰래 가서 물을 대어 놓으면 방학 때쯤 꽁꽁 얼어붙었다. 우리들은 겨울방학 때 가끔 그곳에 가 아무런 방해를 받지 않고 정말 신나게 썰매를 탔다. 우리 동네 근처에는 일제 강점기에 금 채굴을 하느라 생긴 여러 개의 동굴들이 있었는데 우리는 어려서 그곳을 탐험한다고 횃불을 만들어 드나들었다. 그러다가 짓궂게도 동굴 안의 박쥐를 잡아 동굴 밖 하늘로 날리기도 하였다. 수년 전에 코로나바이러스가 창궐하였을 때 박쥐가 숙주이자 전파자라고 언급되고 수십 가지 이상의 바이러스를 가지고 있다는 기사를 보았을 때 옛날 그 시절을 떠올리며 참으로 무모했었음을 절감했다. 한편으로는 코로나로 고생을 하지 않고 지나가서, 어릴 적 산골에서 그렇게 비위생적으로 살아 오히려 면역력이 커졌을까 하는 생각도 해보았다.

산골 마을에 겨울이 오면 춥지만, 온수를 만들기 어렵기 때문에 세수하고 손을 씻는 정도 외에는 몸을 잘 씻지를 못했다. 초등학교 시절까지는 설 명절을 맞아 어머님이 부엌에서 솥에 물을 뜨겁게 끓여 큰 고무 대야에 붓고 찬물을 좀 섞은 후 몸을 씻어주신 것 이외에 어쩌다 어떤 중요한 자리에 가야 할 경우 물을 좀 데워 머리를 감는 정도였다. 중학생이 되면서부터 어머님이 씻어주시는 것이 꺼려지기 때문에 다른 애들이랑 날씨가 좀 따뜻한 날 양지바른 냇가로 가서 옆에 불을 피워놓고 덜덜 떨며 찬물에 몸을 씻기도 하였다. 중학교 1학년과 2학년 때에는 마침 동네에 한학에 조예가 깊으신 분이 이사를 와 계셔서 겨울방학 동안 서당을 열었는데 나는 두 해 연속 거기를 다녔다. 서당에서 천자문(千字文)과 명심보감(明心寶鑑)을 다 외우고 서예도 배웠는데 훈장 선생님으로부터 필력이 좋다며 칭찬을 좀 받았다. 그리고 어른용 삼국지 5권짜리도 중학교 당시에 세 번째 읽었다. 그러다 보니 당시 시골 중학생치고는 한문 실력이 상당한 수준에 이르러, 중학교 3학년 때 어떤 선생님이 1학년과 2학년의 한문 시험 문제를 만들어 달라고 조용히 부탁하셔서 아무도 모르게 해 드린 적이 있다. 당시 시골 중학교에는 각 과목별 담당 선생님이 충분하지 않아 음악 선생님이 국사를 가르치고 미술 선생님이 농업을 가르치기도 하였다.

이렇게 천진난만했던 시골 생활이었지만 약간은 눈살을 찌푸리게 하는 기억들이 있다. 그렇다고 그것들이 그 후에 트라우마로 남아 나를 괴롭힌 것은 아니었기에 담담히 기술해 본다. 초등학교 저학년 어느 늦가을, 큰형님이 돌아가시고 나서 얼마 지난 후였다. 쉬는 시간에 복도에서 담임 선생님을 마주쳐서 인사를 하였다. 그러나 그 선생님은 인사를 받지 않고 그대로 지나치셨다. 수업이 시작되자 나더러 앞으로 나와 교단 위로 올라가 앞을 보게 한 후 인사를 해보라는 것이었다. 그래서 나는 아무 생각 없이 평소대로 하였다. 그런데 다시 두 번을 더 시켰다. 그런 후 출석부로 나의 머리를 내리치시면서 화난 목소리로 "인사를 할 때는 머리를 숙이면서 하란 말이야" 하시는 것이었다. 그러자 애들이 깔깔거리고 웃었고 나도 그제야 내가 허리를 숙이면서도 머리를 쳐들고 정면을 응시하면서 인사를 하고 있다는 것을 알게 되었다. 선생님이 나에게 창피를 주어 고치려고 한다는 의도가 드러나는 그 순간 굉장히 기분이 좋지 않았다. 복도에서 내가 인사를 했을 때 머리를 쓰다듬으며 '얘야, 인사를 할 때는 머리를 숙이면서 해야 한단다'라고 타일렀으면 충분하였을 텐데 그런 모욕적인 방식으로 고치려 하는 것이 이해되지 않았다. 그래서 나는 그 선생님이 다시 인사를 해 보라고 하였을 때 처음과 똑같이 하였고 선생님은 출석부로 더 세게 때렸다. 나는 머리를 맞아 울면서도 세 번을 계속 처음과 똑같이 하였다. 그러자 깔깔거리던 아이들이 조용해졌고 선생님은 '들어가! 새끼야'라고 하였는데 결국 창피를 주어 강압적으로 나의 인사방식을 바꾸려던 것을 포기하였다. 난 이것 때문에 선생님의 미움을 사 성적이 좋았음에도 불구하고 우등상을 못 받았다. 이것이 내가 초중고를 다니면서 우등상을 못 받은 처음이자 마지막 사례였다.

그 당시 시골 생활에서 겨울이 오면 잘 씻기 어렵고 장갑도 제대로 없어 손에 때가 끼고 트기 십상이었다. 초등학교 고학년 어느 선생님은 어느 날 손등 검사를 하여 때가 끼고 튼 아이들을 밖으로 불러내서 화장실로 데려갔다. 당시 남자 소변을 보는 곳은 지금처럼 분리된 수세식이 아니라 여러 사람이 올라서는 콘크리트 발판이 있고 그 앞에는 오줌을 받아내는 곳이 수로처럼 만들어져 오줌물이 항상 흥건히 고여 있었다. 끔찍하게도 그 선생님은 손 검사에 걸려 데려온 학생들에게 손을 이 오줌물에 담그게 하는 것이었다. 그런 후 운동장을 가로질러 가면 나타나는 냇가로 데려가 그 12월 초순의 찬물에 손을 씻게 하였다. 우리는 오줌 냄새를 지우려고 모레와 돌멩이로 손등을 푹푹 문질렀고 모두가 붉게 물든 손등을 바라보며 고통스러워했다.

어느 날인가는 그 선생님이 교실로 들어오시더니만 모두 책상 위로 올라가 눈을 감고 꿇어앉도록 했다. "너희만 한 때는 호기심이 많아 어른들이 하는 것을 따라 해보고 싶어 하는 것은 당연하다. 혹시 호기심에서라도 담배를 빨아본 사람은 손을 들어 보거라. 이 선생님도 어려서 그런 적이 있으니 걱정 말고 손을 들어라" 하시는 것이었다. 당시에 담임 선생님이 교실에서 담배를 많이 피웠고 재떨이에는 담배꽁초가 수북이 쌓였다. 어느 날 보니 이게 자꾸 없어지는 걸 보고 애들이 그것들을 피운다고 생각한 것이다. 나도 당연히 집에서 아버지 담배를 호기심에서 빨아본 적 있고 그것도 여의찮으면 다른 아이들이랑 쑥잎을 말려서 담배처럼 피워보기도 하였다. 물론 호기심에서 잠시 해 본 것에 불과하였다. 어떻든 나를 비롯하여 열 명이 손을 들었다. 선생님이 "하나, 둘… 아홉, 열" 이렇게 세시고는 어조를 바꾸어 "방금 손 든 새끼들 다 나와" 이러는 것이었다. 그러고는 그중 한 녀석에게 100원을 주고는 학교 뒤 가게에서 새마을 담배 두 갑을 사 오게 하였다. 당시 필터도 없는 새마을 담배 한 갑이 40원이었다. 담배를 사 오자 열 명에게 담배 한 개비씩을 물리고 전교를 한 바퀴 도는 것이었다. 가는 곳마다 "어라 이렇게 안 보았는데 벌써부터 되바라졌네" 등의 핀잔을 듣거나 따귀를 맞는 경우도 있었다. 당시로서는 교육을 빙자하여 아이들을 얼마나 학대하고 함부로 다뤘는지를 보여주는 일부 사례들이라고 볼 수 있는데 이런 것들이 트라우마가 되어 어떤 친구들에게는 부정적인 영향을 미쳤을 수도 있겠다 싶어 매우 안타까운 생각이 든다. 한편으로 나는 뒤에서 언급할 아주 훌륭하신 선생님을 만나 그런 게 치유되었을 수도 있겠다는 생각이 들어 다행이다.

3. 위축된 도회지 생활과 군 제대 후의 자신감 넘친 삶

우리 집의 경제적 형편이 좋지 않아 중학교 진학도 어려웠으나 다행히도 그 지역 출신으로 서울에서 사업에 성공하신 분이 그 시골 중학교 성적 우수 학생들에게 장학금을 주셔서 나는 수월하게 학교에 다닐 수 있었다. 그러나 고등학교가 문제였다. 그동안 수년간 아버님께서 고생고생해서 담배 농사를 지으신 결과 중학교 1학년 말 무렵에는 어느 정도 형편이 나아졌다. 그러나 아버님이 내가 2학년에 올라가기 직전에 돌아가시는 바람에 다시 가세가 기울기 시작하였고 고등학교에 가는 것은 쉽지 않아 보였다. 그래서 나는 검정고시를 보려고 책을 사서 준비를 했는데 어머님과 둘째 형님께서는 힘들어도 도회지에서 학교에 다녀야 한다고 강하게 말씀하셔서 도회지에 있는 고등학교에 진학하게 되었다. 도회지에서는 하숙비나 자취 생활비가 들고 학비도 만만치 않았는데 학비를 제때 내지 못해 담임 선생님에 의해 교무실로 불려 가 야단을 맞기 일쑤였다. 고등학교 2학년 때 봄에 수학여행을 가게 되었는데 나 혼자 돈이 없어서 가지 못할 상황에 처했다. 어머님이 안양에 사는 출가한 누나에게 연락해서 "막내가 돈이 없어 수학여행을 못 갈 상황인데 어찌면 좋겠느냐?" 하셨고, 그 누나가 없는 살림에도 당시 돈으로 2만 7천 원을 보내 주셔서 수학여행을 갈 수 있었다. 누나의 그 고마움에 대해 그동안 장기간에 걸쳐 나름 금전적으로 수백 배 이상 갚은 셈이지만 이것으로는 충분하지가 않다. 만약 그때 누나가 그 돈을 보내주지 않았다면 나 혼자 수학여행을 못가 소외되고 친구들과의 추억도 영원히 쌓을 수 없었을 것이기 때문이다. 그런 누나가 현재 몸져누워 계셔서 몹시 슬프다. 빨리 회복되시길 기원한다.

도회지에서 이런 경제력의 차이는 생활 수준은 물론 정보력 및 선행학습의 차이를 불러와 나같이 가난한 산골 마을 출신들을 위축되게 만들었다. 서울로 대학을 진학한 후 지방 출신, 그것도 산골 마을 출신으로서 대한민국 제일의 도시가 주는 위압감과 서울 출신 학생들과 비교되는 촌스러움이 나를 더욱 위축되게 만들었다. 나는 주로 산골에서 자라 20대까지 시력이 2.0이었는데 대학 입학 이후 접한 대부분 안경을 쓴 학생들의 모습이 뭔지 모를 동경심을 자아내기도 하였다. 그래서 나중에 30대 중반에 한동안 도수가 없는 안경을 끼기도 하였다. 지금 생각하면 어이없기도 하지만 그 당시 치아교정을 하고 있던 어떤 여학생이 치아에 장신구를 끼고 있다고 보고 얼마나 돈이 많으면 치아에까지 장식을 하고 다닐까 생각하기도 했다. 서울로 대학을 오자, 중학교 때 장학금을 주셨던 분이 도와주시겠다고 하셨는데 나는 정중히 거절하였다. '중학교 시절 장학금을 주신 것만으로도 너무나 감사한 일이고, 이제는 제가 성인이 되었으니 제힘으로 헤쳐 나가겠습니다. 그러다가 정 힘들면 찾아뵙겠습니다.' 그런데 나는 그 뒤로 힘들어도 한 번도 찾아가지 않았다.

나는 학비와 생활비를 충당하기 위해 닥치는 대로 일을 했다. 아파트 건설현장에서 소위 노가다를 하였고 레스토랑 서빙 일도 해보았다. 플라스틱 컵을 찍어내는 공장, 세탁 공장 등에서 일하기도 하였으며, 당시는 과외 아르바이트가 금지되어 있었기 때문에 소위 '몰래 바이트'도 하였다. 이 시기를 생각하면 세탁공장에서의 끔찍한 장면이 먼저 떠오른다. 이 세탁공장은 호텔에서 침대 시트를 수거해 세탁해서 다린 후 다시 호텔에 갖다주는 것이 일이었다. 침대 시트가 넓고 커서 어디에 올려놓고 펴서 다림질하는 것이 어렵기 때문에 온도가 아주 높은 긴 원통형 롤러들이 돌고 양쪽 끝에서 사람이 침대 시트를 맞추어 원통형 롤러에 대면 시트가 다려지면서 쭉 흘러가 뒤쪽에 떨어지는 형태로 작업을 하였다. 당시 나는 이쪽 끝에서 주로 왼손으로 침대 시트를 맞추는 작업을 하고 있었고 반대편에서는 어떤 아주머니께서 주로 오른손으로 맞추는 작업을 하고 계셨다. 이것은 굉장히 집중해야 하는 일이었다. 한순간이라도 방심하면 손이 그 뜨거운 원통 롤러로 딸려 들어가 익어버리기 십상이었기 때문이다. 그러던 어느 날 그 아주머니께서 비명을 지르셔서 건너다보니 아주머니의 오른손이 딸려 들어가 버린 것이었다. 즉시 관리자가 와서 기계를 멈추고 그 아주머니의 손과 팔을 꺼내었지만, 팔꿈치까지 완전히 익어버린 상태였다. 바로 큰 병원 응급실로 갔지만 안타깝게도 그 아주머니는 팔꿈치 윗부분에서 절단을 할 수 밖에 없었다.

이렇게 서울에서 경제적으로 힘든 상황을 겪으면서 위축되고 또한 당시 군부 독재의 암울한 시기에 아무것도 못 하고 있다는 자괴감과 무력감이 들기도 하여 군대를 빨리 가게 되었다. 어떤 면에서는 군대가 도피처였지만, 태어나서 처음으로 먹고 입고 자는 데 아무런 걱정이 없이 지냈던 시기였고 한편으로는 책도 좀 읽고 생각을 많이 한 재충전의 시기였다. 제대하면서 나는 가진 것 하나 없지만 정말 자신감을 가지고 마음껏 내 목표하는 바를 이루며 살아보겠다고 다짐하였다. 그리하여 제대한 후 복학하여 합법화된 과외 아르바이트를 두 개나 하였고 공부도 열심히 하여 장학금도 받았으며 다양한 분야에 걸쳐 광범위하게 독서를 하였다. 외부 장학재단(한국고등교육재단) 시험에도 선발되어 매월 장학금을 받기도 하였다. 모든 시간을 쪼개 이렇게 쓰다 보니 한가롭게 당구를 칠 시간적 여유가 없어서 당구를 배우지는 못했고 2~4주씩 가는 농촌봉사활동(농활)도 2~3일 하고는 돌아와야 했다. 대학 시절 민주화, 사회적 정의 실현 등에 관심이 많았으나 경제적, 시간적 여유가 없어서 학내 집회나 경제정의실천연합 대학생회 활동에 간간이 참여하거나 사회적 이슈가 생겼을 때 익명의 학우 명의로 대자보를 게시하는 정도에 그쳤다.

1980년대 말 1990년대 초에 냉전이 해체되면서 독일이 통일을 달성하고 우리나라도 동유럽 공산권 국가들은 물론 소련 및 중국과 수교를 하고, 남북한 유엔 동시 가입과 남북기본합의서 체결 등의 성과를 거두자 나는 국제정세 변화 및 통일문제에 관심을 크게 갖게 되었다. 그래서 동양사학과를 졸업한 후 같은 학교의 외교학과에 필기시험과 면접을 통해 편입학(당시에는 본교 졸업생에 한해 편입학 허용)하게 되었고 통일원(현재의 통일부) 주최 대학생학술논문공모전에 입상하여 상금은 물론 러시아, 헝가리, 독일, 프랑스 견학 기회까지 갖게 되었다. 이때가 내가 태어나 해외에 처음 나가 본 것이었다. 이렇듯 나는 대학 및 대학원 시절에 통일, 경제, 정보화 등에 대한 대학생학술논문공모전에 총 6회 입상하여 상금을 받았고 그중 두 번은 해외 견학도 가게 된 것이다. 나는 학문을 계속 해서 박사를 받고 대학에서 연구하고 가르치는 일을 하고 싶었으나 어머님께서 암으로 투병 중이시고 경제적 어려움도 여전하여 고시를 보는 쪽으로 선회하였다. 추후 정부에서 유학을 보내주는 케이스를 활용하여 박사를 받은 후 학계로 턴을 하겠다는 복안을 가지고 말이다. 그래서 외무고시를 준비했는데 한 달 만에 1차 시험에 합격하였다. 그 한 달 후에 있는 2차 시험에도 응시했는데 비록 불합격했지만, 점수가 괜찮게 나와 1년 후에 2차 시험을 보면 합격할 자신이 있었다.

그러나 산골 출신 촌놈이라 외국어가 약해 외무부 근무 시 스트레스를 크게 받을 것 같아 행정고시로 전환하였다. 학업 및 과외 아르바이트 등으로 공부할 시간을 확보하기가 쉽지는 않았으나 나름 효율적으로 공부하여 행정고시 1차 시험에 합격하였다. 그리고 기왕 행정고시를 보고자 한다면 행정대학원을 나오는 것이 좋을 것 같아 입학시험을 치러 합격하였다. 그런데 어머님이 후두암으로 투병하고 계셔서 빨리 취직해서 어머님 생전에 결혼을 해야겠다고 생각하고 언론사 시험 준비를 하고 필기시험 및 면접시험들을 치르며 시간을 보냈다. 그러던 와중에 어머님이 끝내 운명하셨고 그 상실감과 슬픔 때문에 몇 개월을 방황하며 보냈다. 그러다 보니 행정고시 2차 시험 공부를 할 시간이 너무 부족하였지만, 그 남은 짧은 기간에 나름 효과적인 방법으로 최선을 다했다. 그럼에도 불구하고 워낙 공부 기간이 짧고 공부량이 많지 않아 합격을 장담할 수 없었다. 특히 공부가 가장 덜 된 경제학에서 과락을 면하기 어렵다고 생각되었다. 그래서 불합격의 비보를 서울에서 듣기보다는 다음 해의 1차 2차 동시 합격의 의지를 다지기 위해 11월 초 합격자 발표일 전날 친구들과 월악산 산행을 떠났다. 그다음 날 산행을 마치고 그래도 결연한 의지를 다지고자 불합격을 확인하는 전화를 걸었다. 공중전화 박스에서 내 수험번호를 누르는 순간 “합격하였습니다”라고 음성 안내가 흘러나왔다. 난 믿기지 않아 두 번을 더 확인해 보았다.

행정고시에 합격하자 둘째 형님께서 사법시험도 도전해 보면 어떻겠느냐고 하셨다. 그래서 나는 “2년만 젊으면 하겠는데 이제 저도 나이가 들어서 어려울 것 같습니다”라고 답을 했다. 사실 그 형님이 “내가 2년 정도 지원해 줄 테니 사법시험도 도전해 봐라” 이렇게 하셨으면 아마 도전했었을 수도 있다. 그런데 당시 형님 형편도 그리 좋지가 않아 그러실 수 있는 상황이 아니었다. 무엇보다도 나 스스로 학비며 생활비를 벌며 공부하는 것에 좀 지쳐 있어서 시도할 마음을 갖기도 어려웠다. 그러나 나중에는 그때 시도하지 않은 것을 좀 후회하기도 하였다. 내가 법과목이 굉장히 강했고 행정고시에 합격한 여세를 몰아갔다면 충분히 해볼 만했기 때문이다. 아울러 그전에 외무고시 2차 시험을 포기한 것도 좀 후회가 되었다. 합격을 한 후 실제 근무를 해보고 정말 맞지 않으면 진로를 바꿔도 되었을 것이기 때문이다. 어찌 보면 외시, 사시 둘 다 포기를 안 하고 시도해 정말 합격했더라면 ‘고시 3관왕’이 되는 영예도 누렸을 것이지만, 한편으로는 나 때문에 어느 두 사람이 합격을 못 하는 피해를 주었을 테니 결과적으로 포기하기를 잘한 일이다. 그리고 시도했지만, 성공을 못 했으면 또 다른 어려움을 겪었을 것이기 때문에 경제적으로 어려운 상황에서 행정고시에 합격한 것만으로도 감지덕지 최선의 결과를 냈다고 해야 할 것이다.

고시에 합격한 이듬해 2월에는 대학생 통일논문 입상자들 일부랑 일본 여행을 다녀왔다. 오사카, 교토, 나라, 도쿄를 거쳐 오는 여정이었는데 몸살감기로 무척 고생했었다. 4월부터는 과천 중앙공무원교육원에서의 연수와 행정대학원 수업을 병행했다. 대학원은 1년 남았는데, 연수 받는다고 야간 수업을 듣게 해주어 다행히 나중에 수료 및 졸업까지 하게 되었다. 중앙공무원교육원에서의 6개월 연수를 받은 후에 1개월 정도의 지방자치단체 연수를 나는 경기도와 시흥시에서 받았다. 그 후에는 우리 기수에서 처음 생긴 해외연수를 다녀왔다. 분임별로 나라를 선택하게 되었는데 대부분 해외 경험이 없어서인지 미국, 영국, 프랑스, 스위스, 이탈리아 등을 선호하는 듯했다. 그래서 나는 '그런 나라들은 나중에 출장 갈 기회도 많으니 남미 같은 가기 어려운 곳으로 하자'고 주장하였다. 우리 분임장 형님께서 선택권 2번을 뽑아오셨는데, 다행스럽게도 1번을 뽑은 분임이 호주와 뉴질랜드를 택하는 바람에 우리는 환호하며 브라질과 아르헨티나를 선택하게 되었다. 짧은 기간 동안 비행시간이 너무 길어 고생을 하기는 했지만, 상파울루, 리우데자네이루, 부에노스아이레스 등의 풍광과 동기들과 함께한 추억은 지금도 생생하다.

지방자치단체 연수와 해외연수가 끝나고 다시 중앙공무원교육원으로 복귀하였고 이제는 가장 중요한 부처 선택의 시간이 남아 있었다. 부처별 소요 인원이 정해지고 고시 2차 성적과 연수원 교육 성적을 합산하여 전체 성적을 매겨 순위대로 선택하는 방식으로 진행되었다. 난 다행히 2차 성적이 좋았고 교육 성적도 좋아서 전체 성적이 상위권에 있었고 웬만한 부처는 다 앞에서 선택할 수 있었다. 내 전공이나 개인적인 취향 등을 고려하면 문화관광부가 가장 나은 선택지였고 앞으로의 기술 발전 및 사회경제적 변화는 물론 국가사회적 기여 가능성을 고려한다면 정보통신부가 적절했다. 정보통신부는 그해 초에 정보화시대에 대응하기 위해 체신부에서 확대 개편되어 출범한 신생 부처였다. 물론 2년 전에 대학생 통일논문을 써 통일원으로부터 상을 받았기 때문에 통일원을 선택할 수도 있었지만, 당시 경색된 남북한 관계를 고려할 때 내가 가서 할 일이 많지 않다고 보아 선택지에서 제외하였었다. 그리하여 여러 사람들을 만나보고 자료도 찾아보고 고민을 많이 한 끝에 문화관광부를 택하자고 결심하였다. 그래서 선택의 날 전체가 모인 강당에서 내 차례가 왔을 때 '문화관광부'라고 종이에 쓴 후에 앞으로 걸어 나갔는데, 갑자기 무슨 생각이 들었는지 제출 직전에 적은 것을 두 줄로 긋고 '정보통신부'라고 다시 적어 냈다. 그리고는 자리로 향해 오는 중 '어 내가 무슨 짓을 했지' 하며 돌아섰다가 '음 이제 냈으니 할 수 없지'하고는 앉았던 자리로 돌아왔다.

4. 공직생활과 새로운 직장생활 그리고 부족함을 채우려는 노력

공직생활은 물론 그 후 새로운 직장생활 동안 정보통신부 고시 1기라는 자부심을 가지고 또한 나 스스로의 자존심을 걸고 일을 잘하려고 했기 때문에 내가 무슨 일을 얼마나 어떻게 했는지 세세하게 기술할 필요는 없을 것 같다. 내가 담당한 일들은 나 스스로가 뒤에서 언급할 이순신이나 제갈량처럼 최선을 다해 잘 처리하려고 해서 그 결과에 대한 객관적 평가가 나쁘지 않을 뿐만 아니라 스스로 엄정하게 평가해 보아도 불만족스러운 정도는 아니었기 때문이다. 또한 그 수많은 업무들을 거론하게 되면 지면을 많이 차지하게 될 뿐만 아니라 업무성과가 여러 사람들의 협업의 결과임을 망각하고 자칫 나 스스로만의 업적처럼 기술할 가능성이 커지기 때문이다. 나아가 나는 윗사람들에게 좋은 평가를 받기 위해 불합리하거나 불필요한 일을 벌이는 것을 최대한 피하려고 하였다. 반면 나 스스로 필요하다고 확신하는 일들을 적극적으로 찾아 소신껏 하고자 하였다. 따라서 이하에서는 업무 자체에 대한 언급보다 공직생활과 직장생활 동안 지내면서 겪었던 특이한 일화 등을 중심으로 이야기를 전개하기로 하겠다.

외환위기를 겪은 직후인 1998년 가을부터 2001년 상반기까지는 그야말로 IT분야 벤처 붐이 일던 시기였고 그때 나는 벤처담당 사무관이었다. 그러다 보니 여기저기서 로비나 압력을 받을 수밖에 없었다. 내가 그 자리로 옮겼을 때 저 연차 사무관이다 보니 나한테 처리하기 껄끄러운 일들이 넘어오기도 했는데 그중 하나가 서울대 공대 교수 한 분이 장관을 통해 벤처 관련 프로젝트 지원을 요청한 건이었다. 프로젝트 내용은 관악구청이 공간을 제공하고 정보통신부가 30억 원의 예산을 들여 IT분야 정보제공센터를 구축하고 거기에 서울대 공대가 학술논문이나 자료들을 올린다는 것이었다. 서울대가 그냥 자체 홈페이지를 통해 올리면 될 일을 쓸데없이 공간을 차지하고 비용이 들게 만드는 것이라 프로젝트를 진행하면 안 되는 것이었다. 어느 날 그 교수님으로부터 전화가 걸려 왔다. 담당 사무관이 바뀌었다고 하여 나한테 전화를 한 것이다. 그 교수님이 그 건에 대해 말씀하시길래 약간 부정적인 반응을 보였더니만 "박 사무관하고는 얘기가 안 되겠군, 국장한테 얘기해야겠어." 하시는 것이었다. 그래서 내가 "아니 교수님! 방금 뭐라고 하셨어요. 처음 통화하는데 그렇게 반말하셔도 되는 겁니까? 장관님이 서울공대 출신이라고 그렇게 막 요구하셔도 되는 겁니까? 정부의 일이라는 게 사무관이 기안을 해야 시작되는데 제가 보았을 때 이 건은 하면 안 되는 겁니다. 서울대가 홈페이지에 자료를 올리면 될 일을 그렇게 공간과 비용을 소모할 필요가 뭐 있습니까? 실리콘밸리가 성장하는 데는 스탠퍼드대가 큰 역할을 했는데 서울대 앞에 가면 고시원만 즐비하지 쓸 만한 벤처기업 하나 제대로 있습니까? 서울대가 스탠퍼드대 같은 역할을 하면 말씀을 안 하셔도 정부가 알아서 지원해 드립니다." 이러면서 3~4분 동안 작심을 하고 필요한 얘기들을 하였다. 그랬더니만 그 교수님은 공손해지면서 "네 잘 알겠습니다. 사무관님!" 하면서 전화를 끊었다.

이 건은 그 후 그 교수님이 우리 국장님과 접촉하면서 추진하려고 애썼지만 나에게 확신을 주지는 못했기 때문에 지지부진해졌고 3개월 후 그 장관님이 다른 분으로 바뀌시는 바람에 없었던 일로 되었다. 또 한 가지 비슷한 사례를 들면, 벤처기업으로 성공해서 강남의 테헤란로에 빌딩을 가지고 있던 한 사장님이 자기 건물 몇 개 층에 IT벤처창업지원센터를 만들어달라는 요청을 차관을 통해 한 건이다. 이 프로젝트는 건물 임차료를 포함해서 정부의 예산 70억 원이 들어가는 것으로 정부가 이미 여러 군데 비슷한 창업지원센터를 구축해서 운영하고 있고 제시된 컨셉도 정부 쪽 방향과도 맞지 않는 것이었다. 아마도 차관께서 국장을 불러 "이러한 요청 건이 있으니 한번 검토해 보시라" 정도로 얘기를 했을 것이다. 이 말은 검토해 보고 아니면 안 해도 좋다는 의미가 포함되어 있을 텐데도 과장에게 전달할 때는 해주는 쪽으로 검토하라고 하고 과장은 사무관인 나를 불러 해주라는 식으로 지시하게 된 것이다. 그래서 나는 속으로는 '이거 해주면 안 되는데'라고 생각하면서도 "네 잘 알겠습니다"라고 하였다. 실제 검토를 해 보니 정말 해 주면 안 되는 것이었다. 무엇보다도 한 개인의 요청에 의해 그 기업 빌딩에 임차료를 내며 어떤 시설을 설치·운영한다는 것은 여러 가지 문제를 불러일으킬 수 있었다.

나에게 그 요청 건 처리를 지시한 과장님은 수시로 어떻게 되어가고 있느냐고 물었고 나는 그때마다 "네 지금 이것저것 열심히 검토하고 있습니다"라고 대답하였다. 그래서 적당한 시기에 검토 결과를 보고드렸는데 당연히 해 주면 안 된다는 결론의 보고였다. 그래서 그 과장님은 "가능한 쪽으로 검토를 해야지 왜 안 되는 쪽으로만 검토를 했냐"며 다시 검토하라고 했고, 나는 "네 알겠습니다"라고 했다. 그분은 수시로 빨리 검토하라고 닦달했고 마침내 다시 보고서를 만들어 보고했다. 역시 설치했을 경우의 문제점들을 적시하고 설치해도 효과도 없을 거라는 내용이었다. 그 과장님은 "왜 계속 안 되는 쪽으로만 검토를 하냐, 1%라도 가능성이 있으면 그걸 붙들고 해봐야지"라고 하며 화를 내셨다. 그래서 나는 "과장님! 이 건은 제가 알아서 잘 처리하겠습니다. 걱정 마시고 저한테 맡겨 주십시오"라고 했다. 그 과장님이 "어떻게 할 건데?"라고 해서, "다 처리하고 말씀드리겠습니다"라고 하였다.

어느 날 오후 나는 그 회사로 찾아갔다. 10층에 사장실이 있었는데 출타 중이어서 두 시간 정도 기다려 그 사장님을 만났다. 사장실에서 차 한잔하면서 나는 단도직입적으로 얘기를 하였다. "사장님께서 차관님을 통해 요청하신 건, 나름 의미는 있으나, 제가 검토해본 결과, 하면 안 되는 걸로 결론을 냈습니다. 정부의 일은 사무관이 기안을 해야 시작되는데 이 건은 대통령이 하라고 해도 저는 못하겠습니다. 사장님께서 결자해지하십시오. 차관님께 말씀드려 안 하겠다고 하시던가, 최소한 사장님께서 더 이상 얘기를 안 하시면 바쁘신 차관님이 이 건을 챙기실 리는 없습니다. 만약 다시 윗분들이 이 일을 추진하라고 종용하시면 제가 일개 사무관에 불과하지만, 감사원이나 언론에 알리겠습니다. 그러면 윗분들 모두 무사하지 못할 것이고 사장님도 이 바닥이 좁은데 사업하시는 데 지장이 있으실 겁니다. 저도 이미지에 타격이 있겠지만 국민 세금으로 조성된 70억 원의 예산을 아꼈다는 긍정적인 평가도 받을 겁니다"라고 하였다. 그랬더니 그분이 "네 잘 알겠습니다. 그런 일이 없도록 하겠습니다"고 하였다. 이것을 과장님께 보고했더니, "너무 쎄게 한 것 아니야, 혹시 차관님께 얘기를 해서 문제가 커지는 거 아니야"라며 걱정을 하셨다. 그래서 나는 "염려 마십시오. 혹시 문제가 생기면 제가 다 책임지겠습니다"고 하였다. 그 뒤 그 건은 조용히 묻혔고 연말이 되니 그 사장님이 내게 연하장도 보내 주셨다. 그다음 해에 내가 다른 부서로 이동하였고, 아침에 출근 준비를 하며 7시 뉴스를 보는데 낯익은 얼굴의 인물이 벤처 비리로 체포되어 끌려가는 장면이 나오는 것이었다. 그 인물은 바로 그 사장님이었다. 그 순간 안도의 한숨을 내쉬었다. 내가 그렇게 처리하지 않았더라면 나야 지시에 의해서 한 것이라 어느 정도 정상참작이 되었겠지만, 윗분들은 물론 나도 무사하지 못했을 것이기 때문이었다.

행정고시를 치러 정부에 들어온 것은 기왕 직업을 갖는다면 공공선을 달성하는 데 어느 정도 기여할 수 있으면 좋겠다는 생각과 나중에 정부에서 유학 보내주는 케이스를 활용하여 박사를 받고 학계로 가겠다는 복안이 있어서였다. 그러나 결혼은 상대가 있으니 내 마음대로 안 된다는 것을 직시하지 못하고 '나이가 있으니 결혼을 하고 유학을 가야지'라고 하다 보니 결혼을 삼십 대 말에 하게 되었고 사십이 넘어 유학을 가게 되면서 모든 것이 꼬여 버렸다. 그때 유학 가서 사십 대 후반에 박사를 받아온들 나이 때문에 학교에 자리를 잡기가 어려웠기 때문이다. 그럼에도 불구하고 공직에 있는 동안 끊임없이 나의 부족한 부분을 채우려다 보니 여러 분야의 학위를 취득하게 되었고 박사학위도 공학박사(기술경영 전공)와 행정학박사(정책학전공) 두 개를 받게 되었다. 결과적으로 학위가 학사 3개, 석사 3개, 박사 2개가 되었는데, 공직생활을 하면서 했던 학위과정들은 벨기에 유학 파견 이외에는 다른 사람들이 모르게 다녔다. 어차피 내 시간과 내 돈을 들여 하는 것이고 자랑하려고 하는 것이 아니었기에 굳이 알릴 필요가 없었다.

어떤 연유로 여러 분야의 학위를 많이 하게 되었는지에 대해 의아함과 궁금증 해소 차원에서 부연할 필요가 있는 것 같다. 정부에서 일한 지 3년이 지나자, 기술 발달과 사회 발전은 급속하게 진행되고 있는데 그에 걸맞게 나를 바꿔 나가지 못하고 나 자신이 고갈되고 있는 것 같아 위기의식을 크게 가졌다. 그래서 나는 앞으로의 사회가 어떻게 변화할 것인지 그리고 그에 대응하여 무엇이 필요한지에 대해 책이나 논문 등을 통해 여러 가지로 살펴보고 고민한 결과 나름 다음과 같이 정리해 보았다. 첫째, 과학 및 기술의 사회경제적 영향력이 더욱 확대될 것이다. 따라서 IT를 포함한 Technology에 대한 이해를 심화시켜야 한다. 둘째, 경제적 수준이 향상됨에 따라 질적인 삶을 추구하고 문화예술에 대한 욕구가 증대될 것이다. 그러므로 문화예술에 대한 안목과 인식 제고가 필요하다. 셋째, 세계는 국제화와 글로벌화가 진전될 것이다. 따라서 영어, 중국어 등 언어 능력을 포함한 국제적인 커뮤니케이션 능력 증진이 필요하다. 이렇게 변화되는 미래 사회에서 제대로 된 역할을 하려면 위 세 가지 기본사항을 일정 수준 이상 갖추고 자신만의 특화된 전문영역을 구축해야 한다. 이렇게 내가 나름 정리한 기준으로 볼 때 나에게 갖춰진 것이 전혀 없어서 나는 심각한 위기의식을 느끼고 나의 부족한 부분을 채우기 위해 학위 과정에 등록하여 공부하기로 하였다. 그래서 부족한 영어와 기술을 동시에 보완하기 위해 뉴욕주립대가 국내에 개설한 주말 석사 프로그램에 등록하여 열심히 다녔고, 문화예술에 대한 안목을 조금이라도 넓히고자 관련 서적들을 광범위하게 탐독하면서 방송통신대학교의 연관 학과에서도 공부하였다. 나아가 박사학위도 두 개나 하였다.

공직생활을 하며 일과 공부를 모두 열심히 하였는데 그렇다고 다른 것들을 즐기지 않은 것은 아니었다. 축구와 등산을 좋아하여 관련 동호회에서 활동하였으며 토론 모임이나 기타 여러 형태의 모임도 주도하였다. 좋아하는 춤을 좀 더 잘 추기 위해 라틴댄스를 배우기도 하였다. 어쩌다 사람들 앞에서 춤출 기회가 있으면 누구보다도 현란하게 추었으며 그러다 보니 한때 정보통신부에서 춤을 가장 잘 추는 사람으로 회자되기도 하였다. 결혼식은 금요일 저녁에 하였는데 후배의 축주가 끝난 후 사이키 조명이 들어오고 라틴음악이 흘러나오며 무대 저쪽에서 남녀 라틴댄서가 등장하였다. 주례선생님이나 양가 누구에게도 사전에 알리지 않은 하객 서비스 차원의 깜짝 이벤트였다. 그런데 여자 무희가 턴을 하는데 등에 살만 보이고 다리를 들어 올리면 속옷이 보이고 하여 나부터 당황스러웠고 하객들도 어쩔 줄 몰라 하는 것 같았다. 그래서 분위기를 바꿀 겸 해서 두 번째 곡에서는 내가 나가서 그 특유의 현란한 춤사위를 보여주었는데 그러자 그 두 번째 곡과 이어지는 세 번째 곡에서는 열광의 도가니로 바뀌었다. 그 결혼식에 왔던 사람들은 나를 생각하면 그 장면이 가장 먼저 떠오른다고들 얘기를 한다. 벨기에 유학 시절에 지중해 크루즈를 했는데 어느 날 저녁 공연 중에 미스터 크루즈를 뽑는 순서가 있었다. 사회자가 원하는 사람들 나오라고 하니 스물댓 명이 나갔다. 공연장에 동양인은 우리 가족뿐이었기 때문에 눈에 잘 뜨였고 사회자가 나를 가리키며 나오라고 해서 참여를 했다. 타잔이 동물들을 불러 모으는 소리를 내게 한다든지 등의 몇 가지를 시켜 본 후 7~8명을 남겼고 나도 거기에 속해 있었다. 최종적으로는 춤 경연대회로 미스터 크루즈를 뽑는 거였는데 현란하고 압도적인 춤사위를 보여준 내가 결국 선발되었다.

전기가 중학교 입학 이후에 들어온 가난한 산골 출신 촌놈이라 문화적 혜택을 누리기 어려웠고 특히 악기나 그림 등 예술에 대한 안목이나 기능을 익힐 기회가 없었다. 성인이 되어 악기를 다루는 사람을 제일 부러워했고 악기를 배워보려고 시도하기도 했다. 처음에는 피아노를 배우려고 학원에 등록했는데 주로 초등학생들이 다니는 곳이라 쭈뼛거리며 몇 번 가다가 그만두었다. 나중에는 지방에 근무할 때 시간 여유가 있어서 기타를 사서 학원에도 좀 다녔는데 서울 발령이 나는 바람에 관둘 수밖에 없었다. 악기 배우는 것이 쉽지 않은 것을 알고 내가 가지고 있는 악기, 즉 몸을 활용한다는 의미에서 성악과 판소리를 좀 배웠다. 성악은 국립합창단 단원에게 개인 레슨을 받았고, 판소리는 대여섯 명이 선생님을 초빙하여 레슨을 받았다. 더 특기할 만한 것은 모 극단에서 6개월 동안의 연기훈련을 받았고 그 후 1개월 동안은 모놀로그를 준비하여 발표하였으며, 최종적으로 2~3개월 동안 연극을 준비하여 무대에 오름으로써 그 극단의 배우가 되었다는 것이다. 그 후 한국셰익스피어학회에서 하는 셰익스피어 원어 연극공연(베니스상인, 충무아트홀, 토 4시, 7시, 일 4시 3회 공연)에 참여하기도 하였다.

공직생활을 하면서 세 번의 좌절감과 상실감을 느꼈는데 첫 번째는 위에서 언급했던 것으로 결혼이 늦어지면서 유학을 빨리 가지 못해 당초 계획이 틀어졌던 것이다. 두 번째는 이명박 정부 들어와 정보통신부를 해체한 것이다. 기왕 공직에 들어왔으니 국가사회 발전에 좀 더 의미 있는 기여를 하고자 하여 이 부처를 택했고 문과 출신으로서 약점을 보완하고자 공대 쪽에서 석·박사까지 했는데도 내가 역할을 할 부처를 네 군데로 나눠버린 것이다. 세 번째는 박근혜 정부 들어와 이명박 정부에서 무력화시킨 과학기술부와 정보통신부의 기능들을 합쳐 미래창조과학부를 만들자, 나는 방송통신위원회에서 그곳으로 보내달라고 강력히 요청했는데도 불구하고 들어주지 않았다는 것이다. 공대 박사학위도 있고 과학 분야도 합쳐지니 내가 역할을 할 영역이 넓어져 간절히 원했는데, 당시 방송통신위원회의 잔류 부서에 있는 사람은 그대로 남게 하여 좌절되었던 것이다. 그래서 나는 그때 상대적으로 여유로운 규제기관에 그대로 남는 상황을 잘 활용하자 생각하고 몇 가지를 시도했다. 그래서 문과 쪽 박사과정에 들어가서 3년 만에 박사학위를 받았고 동시에 위에서 얘기했듯이 연극을 배워 배우가 되어 연극무대에 올랐다.

박근혜 정부가 들어선 지 몇 년이 지나서야 방송통신위원회에서 중앙전파관리소를 거쳐 미래창조과학부 본부로 옮겨갈 수 있게 되었다. 인사부서장은 본부 입성이 늦어 승진이 뒤처질 수 있으니, 만회를 위해 청와대(BH)에 가는 것을 권하였다. 당시 사이버안보보좌관실에 자리가 있었는데 내가 정보보호 담당과장을 한 경험이 있기 때문에 나만 오케이하면 된다는 것이었다. 청와대를 가면 승진이 가장 빠르기 때문에 공무원이면 서로가 가려고 안달을 한다. 그러나 나는 원래 공무원 오래 할 생각이 없었기도 했고 그리 높이 올라갈 욕심도 없었을 뿐만 아니라 당시 초등학생인 아들과 유치원생인 딸을 위해 좀 더 좋은 환경을 만들어 주기 위해 공직을 떠나는 것이 좋겠다 싶어 하루 이틀 고민하다가 청와대를 안 가겠다고 하였다. 무엇보다도 위에서 얘기했던 좌절감을 겪으면서 공직에 대한 프라이드도 약화되었고 여전히 권위적이고 제약이 많은 공직이 주는 스트레스를 계속 받고 싶지 않았다. 또한 이런 게 건강에도 좋지 않을 게 뻔하였다. 그래서 청와대를 안 가고 미래창조과학부 본부에 들어와 근무하면서 내가 나갈만한 자리를 물색하였는데, 6개월 후에 한국정보통신기술협회(TTA)에 자리가 나는 것이 보였다. 혹시 몰라 누구나 알 수 있는 굴지의 대기업도 모색하였다.

일단 TTA에 가는 것으로 얘기가 되어 2016년 6월 말에 명예퇴직하고 7월 하순에 공직자윤리위원회의 취업심사를 받았다. 그런데 사소한 이유로 심사가 보류되어 8월에 한 번 더 보는 것으로 되었다. 나는 백수 상태로 다음 달 심사에서 어떻게 될지도 모르는 상황이라 실로 멘붕이 왔다. 그래서 나는 마음을 다스리기 위해 여주에 있는 신륵사에 2박3일 템플스테이를 갔다. 그리고는 '다음 달 심사에서 떨어지면 언제 재취업 기회가 주어질지 모르니 그동안 내가 하고 싶은 것이나 하자' 생각하고 소설을 쓰기로 마음을 먹었다. 그렇게 마음을 먹은 이유는 『해리포터(Harry Potter)』와 『슬럼독 밀리어네어(Slumdog Millionaire)』라는 베스트셀러 소설 때문이었다. 영화로도 대박을 터뜨린 『해리포터』는 조앤 롤링이 혼자서 아이를 키우며 굉장히 곤궁한 상황에서 쓴 소설이다. 『슬럼독 밀리어네어』라는 소설 역시 영화로도 나왔는데 소설가가 쓴 것이 아니다. 인도의 외교관이 영국 근무를 마치고 귀국하기 전 3개월 동안 런던 근무 기념으로 소설을 하나 썼던 것이 베스트셀러가 된 것이다. 곤궁한 상황 그리고 몇 개월의 기간 등이 내가 처한 상황과 흡사하여 나한테도 베스트셀러를 낼 기회가 왔다고 생각했다. 그래서 소설 쓰는 방법에 대한 책들도 많이 읽고 실제 소설들도 여러 권 읽었다. 그때 읽었던 소설 중의 하나가 2024년에 노벨문학상을 받은 한강 작가의 『채식주의자』였다. 그런데 나는 베스트셀러를 낼 기회를 얻지 못했다. 8월 말 취업심사에서 통과가 된 것이다.

그해 9월부터 TTA에서 근무하게 되었는데, 그동안 신분상 제약이 많았던 공직을 떠나니 그야말로 족쇄를 벗었다는 해방감을 느끼게 되었다. 그렇더라도 이 기관에서 정부 관료 출신으로서의 역할에 대한 기대는 어느 정도 충족시켜 줄 필요는 있었다. TTA에서 SW시험인증연구소 소장을 맡았는데 내가 제일 역점을 둔 것은 직원들의 기술전문가로서의 자긍심을 일깨워주고 동기부여를 함으로써 새로운 기술 분야를 선도하도록 하는 것이었다. 그리하여 직원들의 분투 노력으로 AI, 데이터, CPS, 블록체인, 클라우드, AI반도체, 생체인증 등 신규 업무를 많이 발굴하게 되었고 자연스럽게 인력 및 조직 확대로 이어졌다. 내가 처음 부임하였을 때 이 연구소 인원이 160명 가까이 되었는데 4~5년이 지나면서 260명 정도로 불어나고 연구소 내부에 신설조직도 추가되었다. 그래서 다른 부서에 비해 상대적으로 조직이 비대하다는 의견과 또한 AI 및 데이터가 중시되는 트렌드를 고려하여 이 연구소를 분할하여 AI융합시험연구소를 신설하였다. 내가 SW시험인증연구소장으로 온 후 신규 도입 또는 확장된 분야를 중심으로 신설된 연구소를 결자해지 차원에서 안착시키라는 의미에서 TTA는 나를 AI융합시험연구소장으로 임명하였다.

500여 명쯤 되는 TTA의 모든 분과 잘 지내려고 노력하였고 그 일환으로 오자마자 문화예술 동호회를 만들어 매월 1회씩 영화, 연극, 뮤지컬, 그림 전시회 등의 문화예술 관련 프로그램을 같이 즐겼다. 회원은 60여 명 되었는데 어떤 때는 야구장이나 축구장을 가거나 심지어 평창 동계올림픽 아이스댄싱을 보러 가기도 했다. 커피나 와인 등을 주제로 전문가를 불러 강의를 듣고 시음 기회도 가졌으며 한여름 밤이면 서울랜드에 가서 야간 놀이기구를 타기도 하였다. 또한 TTA 내 여러 사람들과 골프를 즐겼으며 나중에는 골프동호회 회장을 맡아 얼마간의 찬조 등을 하며 내 영문 이름이 들어간 대회(Charles Invitational)를 연 4회 개최함으로써 동호회를 활성화시키기도 하였다. 등산동호회도 간간히 참여하였고 내가 이끄는 연구소는 물론 TTA 내부 여러 가지 형태의 모임 자리를 통해 소통과 화합의 시간을 자주 가졌다. 그리고 내가 1억 원을 출연하고 여러 지인의 후원도 받아 한일 간의 갈등 완화 및 동아시아의 평화 정착을 위한 재단(가칭, 아시아평화미래재단) 설립을 추진하기도 하였다.

이렇게 TTA에서 7년 3개월 동안 잘 지내다가 아쉽게도 한국정보통신진흥협회(KAIT) 사무국장으로 자리를 옮기게 되었다. 원래 과학기술정보통신부 출신 한 분이 면접 채용 절차까지 거쳐 이 자리에 오는 것으로 확정되었는데 공직자윤리위원회의 재취업 심사에서 탈락하는 바람에 갈 곳이 없자 TTA의 내 자리가 거론되었다. 퇴직 후 3년이 훨씬 지나 취업 심사가 필요 없는 내가 KAIT 사무국장으로 가면 TTA의 업무 특성과 그 해당된 사람의 이력으로 보아 취업 심사 통과 가능성이 커 재취업이 가능하다는 것 때문이었다. 나는 솔직히 실질적인 페이나 근무환경이 좋아 TTA에서 쭉 근무해 정년까지 하고 싶었지만 어려운 상황에 처한 사람을 구제해 주고 또한 정부의 인사운용에 숨통을 트여준다는 차원에서 KAIT 사무국장 공개 채용 절차를 밟아 자리를 옮기게 되었다. 그래서 과기정통부 전·현직 분들 중 어떤 분들은 "박철순, 대단한 결심을 했다, 살신성인했다"라고 얘기하기도 했다. 어떻든 자리를 옮기면서 열악해진 부분이 많았지만 강남이라는 지리적 이점 등을 활용하면서 KAIT의 발전과 직원들의 성장을 위해 나름의 최선을 다하고 있다. 여기 와서도 내 영문 이름 타이틀이 들어간 골프대회(Charles Invitational)를 개최하는 등 화합과 소통을 위한 다양한 활동을 하고 있다.

제 2 부

살면서 무엇을 배웠는가

1. 죽음은 늘 가까이 있다

사람은 날마다 다른 사람들의 죽음에 대한 소식을 접하게 된다. 시시각각으로 들어오는 뉴스를 통해 교통사고나 화재로 인한 인명 손실에 대한 소식을 듣고 안타까워하게 된다. 가까운 친척이나 지인들의 부모님 부고 소식을 듣고 병원 장례식장에 조문을 가서 상주들을 마음을 다해 위로하게 된다. 그러다가 나 자신의 부모님이나 형제자매의 죽음을 맞닥뜨리게 되면 하늘이 무너지는 것 같은 슬픔을 스스로 느끼게 된다. 아주 가까이 있는 사람의 죽음은 슬픔을 넘어 내 삶의 의미와 가치에 대해 다시금 생각하게 한다.

나는 혈육인 가족의 죽음을 세 번 겪었다. 초등학교 1학년 때 큰 형님의 죽음, 중학교 1학년 때 아버님의 죽음, 대학교 시절 어머님의 죽음 등이 그것이다. 우선 큰 형님은 도회지에 잘 살다가 살림이 망해 산골 마을로 쫓겨 온 집의 장남으로서 7~8년을 노심초사하며 분투 노력하였다. 아마도 이런 상황이 병을 유발하였는지 33세의 젊은 나이에 아내와 여섯 살과 세 살인 어린 딸 둘을 두고 세상을 뜨셨다. 워낙 가난한 살림인지라 시골에서 늘 보던 꽃상여도 없이 건장한 동네 장정이 지게에 큰형님의 시신이 안치된 널을 지고 뒷산을 300미터쯤 올라 앞에서 언급한 거북바위 100m 전에 있는 고구마밭 아래 양지바른 곳에 안장하였다. 그 늦가을에 비가 부슬부슬 내리는 가운데 동네 사람들이 길가에 나와 있고 아직 출가 전이었던 누님이 저만치 산길 쪽으로 향하고 있던 큰형님의 널을 바라보고 "오빠, 가지마" 하며 슬피 울던 모습이 아직도 눈에 선하다. 그 당시 나는 초등학교 1학년이었지만 아주 가까이 있던 사람도 이렇게 다시는 볼 수 없는 곳으로 떠나는구나 생각하며 미묘한 상념에 젖기도 했다.

중학교 1학년 말에 아버님이 돌아가셨는데 어머님이 살아계셔서인지 그렇게 상실감을 크게 느끼지는 못했던 것 같다. 그러나 군대 제대 후 대학생 시절에 어머님이 돌아가셨는데 내가 장성했음에도 불구하고 그때는 '아무런 조건 없이 내 영혼까지 사랑해 주실 분이 이제 세상에 안 계시는구나!' 생각하며 말할 수 없는 상실감에 빠져 힘들어했다. 우리 집의 열악한 경제적 상황 때문에 서울에서의 대학 시절, 학비며 생활비며 모든 것을 나 스스로 해결했기 때문에 실제 어머님으로부터 아무런 경제적 도움을 받고 있지는 못했지만 나를 정신적으로 지탱해주신 분이 세상에 있고 없고의 차이는 실로 엄청났던 것이다. 그때 나는 행정고시 2차를 준비하던 시기였는데, 이 상실감으로 인해 4~5개월을 방황하며 보냈다.

그러다가 어느 날 퍼뜩 이런 생각이 들었다. '살아 계실 때 어머님은 타향의 자식을 위해 늘 기도하셨고, 아마 지금은 저 하늘에서 나를 내려다보며 역시 기도하고 계실 터인데 내가 이런 모습을 보여드리는 것은 도리가 아니다. 어머님 살아 계실 때 효도를 제대로 못 했지만 지금부터라도 세상을 보다 적극적으로 밝고 자신감 있게 살면서 이 사회에 보탬이 되는 존재가 됨으로써 효도를 하자.' 그래서 그날 낮에 학교에서 기숙사로 돌아와 소리가 밖으로 안 나가게 창문을 닫고 이불을 덮어쓰고서 꺼이꺼이 마지막으로 통곡을 하고 앞으로는 어머님 생각으로 눈물을 짓거나 슬픔에 빠지는 일이 없을 것이며, 오히려 내가 원하는 삶을 자신 있게 마음껏 살리라고 다짐하였다. 그렇게 하여 몇 달의 후의 행정고시 2차도 좋은 성적으로 합격하였고 대학생 학술논문공모전에 여러 차례 입상하는 등의 성과를 내기도 하였다.

사실 우리 인간은 가까운 가족이나 다른 사람들의 죽음을 접하면서도 우리 스스로가 언제 어떻게 죽게 될까 하는 상상을 잘 하지 않는다. 아마 죽음 자체를 받아들이기 힘들고 끔찍하다는 이유로 우리의 뇌가 상상을 거부하기 때문이다. 따라서 우리 인간의 죽음은 갑작스럽게 찾아오게 된다고 볼 수 있다. 그렇더라도 우리 인간은 내가 그랬던 것처럼 가족이나 다른 사람의 죽음을 통해서 삶에 대해 나름의 성찰을 하기도 한다. 나아가 도스토옙스키처럼 자기 자신이 죽음 직전에까지 간 경험이 있을 경우 보다 강렬한 깨달음을 얻게 된다. 이하는 나 자신이 죽을 수도 있었던 사건들에 대한 것이다. 살림이 망한 상태에서 어머님이 나를 임신했을 때 부끄러워서 그리고 다른 사람들의 손가락질을 두려워해 지우고자 하셨지만 끝내 내가 태어났었다는 것은 앞에서 언급한 바 있다. 이것은 내가 태아일 때의 일이라 당연히 나 스스로 인식하지 못하고 나중에 누나와 어머님으로부터 들어서 알게 된 것이지만 이런 곡절 끝에 세상에 태어난 것이니 이 사회에 무언가 의미 있는 일을 하고 가야겠다는 생각을 갖게도 하였다.

두 번째로 내가 죽을 수도 있었던 것은 아마도 일곱 살 무렵의 일이다. 이모 집 누나랑 동네 앞 작은 개울가에서 놀다가 내가 개울로 처박혀 머리가 날카로운 돌에 찍히면서 피를 많이 흘리고 앞머리 쪽이 크게 부어올랐다. 나는 거기까지 어렴풋하게 기억하는데 그 뒤에 내가 이틀 정도 혼수상태에 빠져 있다가 깨어났다고 한다. 그때 산골에 살던 우리 집이 워낙 가난했기 때문에 도회지의 병원에 갈 수가 없어서 혼수상태에서 내가 깨어나면 다행이고 그렇지 않으면 뒷산에 묻는 수밖에 없다며 체념한 상태였다고 한다. 지금도 머리 앞부분에 손가락 한 마디 정도의 흉터 자욱이 있는데 머리를 짧게 깎은 중고등학교 때나 군대 시절에 험상궂게 보인다고 모자를 쓰든지 그 부분에 머리를 길러 가리라고 타박을 듣기도 하였다. 또한 머리를 다친 것보다 약간 이른 시기에 칼에 찔린 상처로 죽거나 불구가 될 수도 있었던 사고가 있었다. 봄에 어머님께서 나물캐는 곳에 따라가 어머님이 이미 캔 나물들을 자루에 담으시던 사이에 내가 왼손에 칼을 쥐고 걷다가 돌부리에 걸려 넘어지면서 오른 손목 끝 부위부터 손바닥에 칼이 꽂히는 사고가 발생하였다. 만약 오른 손목의 동맥이나 힘줄을 잘랐더라면 생명이 위험에 처하거나 오른손을 평생 못쓰게 되어 이후 삶이 매우 힘들게 전개되었을 것 같다. 그러나 현재 오른손바닥에는 원래의 생명선 옆에 마치 또 다른 생명선처럼 보이는 8cm 정도 길이의 흉터 라인이 남아 있을 뿐 오른손을 아무런 장애 없이 사용해 왔으니 얼마나 다행인지 모른다. 나아가 생명선이 하나 더 생긴 셈이니 그만큼 더 오래 살 수도 있겠구나 하는 막연한 기대감을 갖게 되기도 한다.

세 번째로 내가 죽을 수도 있었던 상황은 고등학교 1학년 때 발생하였다. 당시 학교 가까이 있는 산의 허리를 잘라 도로를 내는 작업이 진행 중에 있었고 학교 앞 도로는 거기서 캐낸 돌이며 흙을 실어 나르는 덤프트럭이 분주하게 오갔다. 가을 무렵 친구랑 하교하고 있었는데 옆으로 큰 덤프트럭이 지나가다가 커브 도로 바닥의 파인 부분에 바퀴가 걸려 덜컹하면서 위에 실려 있던 커다란 바위가 길가로 떨어져 내 바로 앞 2미터 지점에 박혔다. 만약 바로 내 위로 떨어졌으면 즉사했을 상황이라 나는 그때 그 아찔한 충격 때문에 다리에 힘이 풀려 주저앉고 말았다. 그 바위가 워낙 커서 옮기지도 못해 내가 고등학교를 졸업할 때까지 그 자리에 있었고 나는 등하굣길에 그것을 볼 때마다 원치 않은 트라우마를 겪으면서도 한편으로는 나는 행운아라는 생각을 하며 위안을 갖기도 하였다.

네 번째는 대학교 시절에 있었다. 6월 어느 날 오전에 학과 체육대회를 하고 점심 후에는 고등학교 동문들끼리의 막걸리를 곁들인 가벼운 운동 친목모임을 학교 뒤편 버들골에서 가졌다. 6월이지만 운동을 하고 나니 더워서 동문들과 학교 뒷산 아래에 있는 저수지에 들어가 수영을 하였다. 6월 관악산에서 내려온 물이라 굉장히 차갑기도 하였고 하루 종일 운동을 하였기 때문에 근육이 뭉쳐 있어 다리에 쥐가 나기 쉬운 상태였다. 나는 4~5미터 깊이의 댐 근처 물까지 헤엄쳐 갔다가 물가로 거의 다 나왔는데 양다리가 모두 마비되는 쥐가 나서 비명을 지르며 쓰러지자, 사람들이 달려와 물가로 끌어내 쥐를 풀어주었다. 다행히 물가로 거의 다 나와서 쥐가 났기에 망정이지 4~5미터 깊이의 물에서 쥐가 났으면 거기서 소리 없이 가라앉아 운명을 다하였을 것이 뻔한 상황이었다. 2주일쯤 지나 학내 '대학신문'에 성악과 학생이 성대를 다쳐 비관 속에 그 저수지

옆 소나무에 목을 매 자살하여 귀신으로 떠돈다는 소문 등 학교 내에서 저세상으로 갔던 학생들의 몇몇 사례가 적혀 있던 것을 보고 나도 대학신문에 이렇게 거론될 수도 있었겠구나 하며 얼마나 가슴을 쓸어내렸는지 모른다.

다섯 번째는 군 복무 시절에 헬기를 타고 산을 넘어가다가 헬기 꼬리 부분이 나무에 걸렸으나 휘청거리다가 추락하지는 않고 다행히 균형을 잡아 밭에 불시착하여 큰 사고를 면했던 경우인데 자세히 언급하지는 않겠다. 여섯 번째는 1995년 6월의 삼풍백화점 붕괴 사고와 관련되어 있다. 나는 행정고시 합격 후 1995년 4월부터 과천의 중앙공무원교육원에서 연수를 받고 있었는데 사고 발생 하루 전에 그날 교육이 끝나고 삼풍백화점에 와서 양복을 하나 샀다. 그 시간대는 다음날 붕괴가 있었던 시간과 같았다. 나는 원래 사고 당일에 거기에 가려고 했는데 그날 저녁에 갑자기 다른 약속이 생겨 사고 하루 전에 가게 된 것이었다. 붕괴 사고 뉴스를 접하고 나는 실로 경악을 금치 못했다. 나도 500명 이상의 사망자 명단에 들어갈 수도 있었는데 운이 좋게 하루 차이로 피했다는 아찔함과 아울러 황망하게 세상을 떠난 분들에 대한 안타까운 마음에 며칠 동안 음식을 제대로 먹지도 못했다.

돌아보면 나 자신이 이상과 같은 죽음에 대한 직간접적인 체험을 통해 죽음이 늘 가까이 있다는 것을 깨닫고 나름 올바른 삶에 대한 자세를 가다듬지 않았나 생각한다. 시간의 흐름 속에서 세상의 모든 것은 변화하고 특히 생명이 있는 존재는 시간이 지나면 죽음을 맞이하게 된다. 따라서 시간은 모든 인간의 조건이고 시간 속의 존재인 사람은 시간이 지나면 반드시 죽게 되어 있다. 즉 사람이 태어나서 살아간다는 것은 결국 죽음을 향해 달려간다는 것을 의미한다. 그러나 사람이 다른 동물과 구별되는 가장 중요한 능력은 사고력을 바탕으로 죽음을 인식할 수 있는 능력이라고 볼 수 있다. 이렇게 죽음을 인식함으로써 사람은 자신의 유한함을 극복하기 위하여 역사에 흔적을 남기고자 노력하여 문명을 이루었다. 메멘토 모리(memento mori)는 "네가 죽게 된다는 것을 기억하라"는 말이다. 고대 로마 시대에 개선장군이 행진할 때 노예들로 하여금 뒤에서 이 말을 외치게 했는데, 전쟁에 승리했다고 교만하지 말고 너도 언젠가 죽을 테니 겸손하라라고 경고하는 의미다. 죽음을 인식한다는 것은 우리에게 살아갈 날이 한정되어 있다는 것을 느끼는 것이다. 시간이 부족하다는 것을 느낄 때 우리 인간은 고도로 집중하게 된다. 시험 하루 이틀 전이나 과제 프로젝트 마감 하루 전에 우리가 얼마나 집중하고 최선을 다했던가. 요컨대 죽음은 인간이 언젠가 죽을 수밖에 없는 자신의 존재를 인식하게 함으로써 삶을 성찰하게 해주는 가장 중요한 스승이라고 볼 수 있다.

2. 지금 여기에 우리가 존재하는 것은 기적이다

인간은 난자와 수백만 개 정자 중 하나의 결합에 의해 세상에 태어난다. 이렇게 희박한 확률로 태어난 우리 인간이 옛날이나 미래가 아닌 바로 지금 살아 있고 저 먼 곳이 아닌 바로 여기에 존재한다는 것은 그야말로 기적과도 같다. 그렇게 기적 같은 존재인 인간들이 지금 여기에서 마주한다는 것 자체도 기적이다. 『예기(禮記)』에 '무불경(毋不敬)'이란 말이 나오는데 "세상에 존경하지 않을 만한 것이 없다. 모든 것이 존경할 만한 대상이다"라는 뜻이다. 우리가 다른 사람들을 존중해야 하는 이유는 이렇게 기적적인 존재인 각자가 자신의 고유한 삶을 통해 하나의 소우주를 형성해 왔고, 무한한 시간과 공간의 격자 속에서 지금 이 순간 이곳에서 이러한 소우주들이 만난다는 것은 경이 그 자체이기 때문이다. 따라서 현재 우리가 접하는 모든 존재가 아주 존귀하지 않을 수 없는 것이다. 나 역시 그러한 존재로 지금 이 순간 이 자리에 있는 것이니만큼 스스로의 생각과 행동을 가볍게 하고 무의미하게 할 필요가 있겠는가? '나'라는 소우주가 지속적으로 팽창하고 다른 소우주들에게 나름 긍정적인 빛과 향기를 더해 주느냐 그렇지 못하냐는 나 스스로에게 달려 있다. 따라서 '나'라는 존재에 그 어떤 한계를 설정하고, 그 어떤 생각의 울타리나 도그마 속에 나를 가두는 행위는 기적적인 소중한 존재로서의 나 자신의 가치를 드러내는 것을 거부하는 것이다.

이렇게 나 자신은 물론 세상 만물이 모두 소중한 존재인데 우리는 우리 자신이 누구인지 잘 모르고 또한 제대로 알려고 하지도 않는다. 맹자는 "사람은 자신이 키우던 개나 닭이 집을 나가면 온 집안사람이 야단을 떨며 찾아 나서지만 정작 자신이 누구인지 모르면서도 찾으려고 하지 않는다"라고 말했다. 더군다나 자기 자신이 누구인지 모르면서 다른 사람들을 지배하고 이를 통해 자신의 존재를 확보하겠다고 하는 권력 지향적 의지와 행동을 보인다. 또한 사람은 나이가 들수록 자기가 살아왔던 세상 속의 좁은 경험을 통해 형성해온 인식의 틀이 더욱 굳어지면서 소위 말하는 '꼰대'가 되기 십상이다. 우리가 이러한 한계를 벗어나려면 어떻게 해야 할까.

우리는 사계절의 변화를 느끼고, 작은 풀 한 포기, 하늘, 바람, 구름, 비, 별 등 그동안 무심히 지나쳐왔던 주위의 많은 것들을 세심히 관찰하고 경외감을 느끼며 살아갈 수 있어야 한다. 역사상 최고의 천재로 일컬어지고 있는 아인슈타인(Albert Einstein, 1879~1955)은 우주의 진화, 시간, 빛, 중력 등과 같은 감지하기 어려운 실제들을 연구하면서 '영적인 경외심'을 갖게 되었다고 한다. 그는 이러한 경외심에 대해 다음과 같이 말한다. "우리가 경험할 수 있는 가장 아름다운 감정은 신비감이다. 이것은 모든 진정한 예술과 과학의 원천이다. 이러한 감정을 모르는 사람, 더 이상 궁금해할 수 없거나 황홀경에 빠질 수 없는 사람은 죽은 사람과 마찬가지다." 또한 아인슈타인은 '삶에는 두 가지 길이 있을 뿐이다. 하나는 아무것도 기적이 아닌 듯이 사는 것이요. 다른 하나는 모든 것이 기적인 듯 사는 것이다.'라고 하였다. 미국의 사상가인 에머슨(Ralph Waldo Emerson, 1803~1882)은 『자립(Self-Reliance)』이라는 에세이를 썼는데, 이것은 유럽 중심의 철학과 종교 전통으로부터 탈피한 미국의 사상과 성격을 규정하는 미국의 정신적 '독립선언문'으로 평가되기도 한다. 이 에머슨은 우리에게 다음과 같이 권고한다. '당신은 인생에서 추구할 그 무엇인가를 발견했습니까? 발견했다면, 다른 사람들의 견해나 소문에 의지하지 말고, 당신 마음속에 있는 당신만의 우주를 찾으십시오. 그 우주는 우리 주위에서 우리의 관찰을 기다리는 자연, 특히 하늘의 별, 산, 강, 나무, 시냇가, 고양이, 아이의 얼굴, 어디에서나 찾을 수 있습니다.'

인간은 도구나 기계와 달리 사유와 의지를 통해 자신의 행동을 결정하고 통제할 수 있는 자율적 존재이다. 그러므로 칸트의 말대로 인간은 수단이 아닌 목적으로 취급되어야 한다. 이것은 돈을 목적으로 그리고 인간을 수단으로 만드는 자본주의 체제에 역행하는 것이지만 오히려 자본주의의 폐해를 보완하는 측면에서도 강조될 필요가 있다. 칸트에 따르면 이러한 인간의 윤리적 행위는 자유로운 상태에서 행해져야 의미가 있고 책임도 물을 수 있다. 이 자율적 인간은 '나와는 다른 사람'이나 '사물'인 '타자'(the other)를 만나 차이를 느끼게 된다. 레비나스(Emmanuel Levinas, 1906~1995)에 따르면 이러한 차이를 무시하고 조화를 너무 강하게 추구하게 되면 집단에 매몰되어 개인의 고유성이나 주체성을 상실하게 되고 극단적으로는 전체주의(totalitarianism)에 빠지게 된다. 우리 인간의 타자와의 윤리적 관계는 책임의 관계인데, 여기에서 책임은 영어의 'responsibility'로, 타자에게 반응하는 것(response)이 가능(ability)하다는 뜻이다. 레비나스에 의하면 타자라는 범주가 인간이 집단으로 환원될 수 있는 길을 차단해 주었다면, 책임의 논리는 집단에의 매몰이나 전체주의로의 회귀를 봉쇄해 준다고 볼 수 있다. 이러한 측면에서 우리는 우리 스스로를 주체적이고 자율적인 존재로 인식할 뿐만 아니라 타인도 그러한 존재로 존중해주면서 새로운 연대를 추구해 나가야 할 것이다.

우리 인간이 살아가면서 우연치 않게 어떤 사람을 만나 좋은 기회를 얻거나 어려운 상황을 타개할 수 있게 되는 것도 어떻게 보면 기적과 같은 일이라고 볼 수 있다. 앞에서 언급했듯이 나는 벨기에 루벤대(K. U. Leuven)로 정부 유학 파견을 간 적이 있다. 벨기에 브뤼셀은 유럽연합(EU) 본부가 있고 유럽의회의 임시회나 EU정상회의가 자주 열리기 때문에 유럽연합의 수도라고도 불린다. 브뤼셀 가까이 있는 루벤대는 1425년에 설립된 벨기에 최고 수준의 대학으로 내가 다녔던 석사과정은 유럽연합에 대해 주로 공부하기 때문에 유럽 각국에서 수많은 인재들이 몰려든다. 나는 이미 대학에서 국제정치를 공부했고 독일 통일과 유럽통합에 대해 연구하고 싶어 이 과정에 입학한 것이다. 물론 미국 아이비리그 수준의 영어 TOEFL 성적 요구사항을 맞추어 입학을 하기는 했지만 산골 촌놈 출신으로 영어 실력, 특히 듣고 말하는 실력이 부족하고 사십이 넘은 나이라 강의를 알아듣고 시험을 제대로 볼 수 있는지가 현안이었다. 수업시간에 100% 집중하면 70% 정도 알아듣다가 10분쯤 지나 집중력이 떨어지면 간혹 단어나 들리는 정도가 되어 내가 수업을 소화하고 시험을 잘 보고 졸업을 한다는 것이 거의 불가능하게 보였다. 내가 낙제 점수들을 받고 졸업을 못 하면 정부에서 지원받은 돈을 다 토해내야 했다. 실제 출국 전에 한 고시 출신 공무원이 스위스 유명 경영대학원에 정부 유학을 갔다가 학업능력 부족으로 학교에서 퇴출되어 정부지원 비용을 다 물어냈다는 얘기를 들어서 더욱 긴장할 수밖에 없었다.

그래서 나는 여러 궁리를 하다가 한국에서 대학 다닐 때 써먹었던 방법을 활용하기로 했다. 노트 필기를 잘하는 친구와 잘 지내 도움을 받는 것이었다. 그런데 문제는 유럽 학생 대부분이 필기체로 갈겨 대기 때문에 노트를 빌리더라도 알아볼 수 없다는 것이었다. 그래서 인쇄체로 또박또박 쓰는 친구를 찾아내야 했다. 한참을 둘러보니 딱 한 학생이 그렇게 인쇄체로 쓰는 것이었다. 그 친구는 네덜란드에서 온 여학생이었다. 이 친구는 수석을 하여 나중에 EU에 스카웃되어 R&D 파트에서 근무하고 있다. 너무도 반가웠으나 여학생이다 보니 조심스러웠다. 그래서 수업이 끝나고 그 친구랑 몇몇 친구들이 차를 마시거나 식사를 하러 갈 때면 나도 살짝 끼었고 가끔은 내가 마실 거나 먹을 것을 사기도 하였다. 그리고 그 친구들을 우리 집에 초대하여 저녁을 대접하기도 했다. 그러나 그것만으로는 부족했다. 나도 열심히 하고 실력이 있다는 것을 보여주어야 했다. 어느 한 과목의 경우 토론을 주로 하는 수업이었는데 그 과목 성적을 아주 잘 받았다. 영어를 잘 알아듣지도 못하고 말도 못하는 놈이 토론 수업 성적을 잘 받았다는 것을 믿기 어려울 수 있다. 그러나 전략을 잘 쓰면 충분히 가능한 일이다.

그 과목은 교수님이 수업 시간의 1/3을 강의하고 2/3는 토론을 시킨다. 강의가 끝나면 교수님은 "Any Questions and Any Comments?"라고 하신다. 나는 수업 전에 그리고 수업 중에 하나의 정곡을 찌르는 질문과 하나의 핵심적인 코멘트를 준비해서 영어 문장으로 외워놓았다가 교수님께서 강의 후 Any라는 말을 시작하시면 제일 먼저 손을 든다. 교수님이 지목하면 상황에 따라 질문이나 코멘트를 한다. 그 뒤에는 유럽 학생들이 워낙 말하는 것을 좋아해서 내가 끼어들 틈도 없다. 교수님은 누가 무슨 얘기를 했는지도 기록을 하기 때문에 질문이나 코멘트의 양과 질이 다 체크되고 내 경우는 적절한 질문이나 코멘트로 토론을 이끌었다고 좋은 점수를 주셨다. 이런 모습을 보여준 지라 어떤 과목 시험을 준비하면서 그 학생에게 '너도 알다시피 내가 열심히 수업에 참여했으나 아시아 출신으로 영어가 부족해서 충분히 노트 필기를 못 했다. 네가 노트 필기를 아주 잘하던데 빌려줄 수 있니?' 그랬더니 '물론이지' 하면서 선선히 빌려주었다. 다른 과목들에 대해서도 'Charles! 너 이거 필요하지?' 하면서 자기 노트의 복사물을 건네주는 것이었다. 그래서 각 과목 시험을 잘 볼 수 있었다. 거기다가 네 과목의 학점을 커버하는 학위논문을 미리 잘 준비해 빨리 써내서 아주 좋은 평가도 받아 졸업을 조금 더 빨리할 수 있었다(50여 명의 동기 중 4명이 조기졸업). 그래서 영어를 잘 듣지도, 말하지도 못하는 놈이 조기졸업에 우등졸업까지 하였다. 그러자 내가 학업능력 부족으로 쫓겨나고 유학비용까지 물어내게 될까 봐 걱정했던 와이프가 "존경하지 않을 수 없다"고 까지 얘기했다. 정말로 기적 같은 일이었다.

십수 년 전의 일이다. 연기훈련, 모놀로그 발표, 연극 공연 등을 거쳐 모 극단의 배우가 된 뒤 어느 날 내가 근무했던 부처에서 1박 2일 워크숍을 갔었다. 『셰익스피어 읽어주는 남자』라는 책을 쓰신 교수님의 인문학 강의를 들었는데 그분은 당시 한국셰익스피어학회장을 하고 계셨다. 강의 후 명함을 하나 받았다가 나중에 연락드려 저녁 식사를 같이하게 되었다. 그때 한국셰익스피어학회에서 매년 셰익스피어 원어 연극 공연을 한다는 것을 들었는데, "저도 연극을 좀 배웠는데 나중에 기회가 되면 한번 불러 주시길 부탁드립니다"라고 말씀드렸다. 그해 7월 말쯤 그 교수님이 내게 연락해서 "8월 말에 충무아트홀에서 〈베니스상인〉 공연이 있는데 한 교수님이 펑크를 내고 미국으로 가셔서 한 자리를 채워야 하는 상황입니다. 해 볼 생각이 있으세요?" 그러시는 거였다. 나는 곧바로 "네 하겠습니다. 감사합니다"라고 답했다. 그런데 객관적으로 보면 그건 정말 무모하게 덤벼드는 것이었다. 셰익스피어 원어 연극 공연에는 대부분 영문과 교수분이 참여하고 4월부터 조금씩 준비해 7~8월 방학 동안 집중적으로 연습을 한다. 위에서 보았듯이 내가 영어도 잘 못하는 놈이 늦게 시작해 한 달 연습해서 큰 극장의 연극 무대에 선다는 게 가당치도 않은 일이었다.

그러나 나는 이게 내 인생에서 다시는 얻을 수 없는 소중한 기회인데 남은 기간이라도 최선을 다해 절대로 이번 연극공연에 피해가 가는 일은 없도록 하겠다고 다짐하고 한달 동안 눈 떠 있는 시간에는 대사를 계속 외워서 언제 어디서든 튀어나오게 만들었다. 집에서는 물론 길을 가면서, 지하철을 기다리면서, 지하철 안에서도, 사무실 옥상에서도 끊임없이 대사를 읊조렸다. 노래방을 빌려 크게 소리를 내어 대사를 치기도 했다. 어느 날 다섯 살 딸아이가 내 대사를 처음부터 끝까지 읊는 것이었다. 깜짝 놀라 다시 해 보라고 하니 또 다시 그대로 하는 것이었다. 아직 우리말도 완벽하지 않고 우리글도 모르고 영어는 한 번도 배워본 적이 없는데 그렇게 하는 걸 보고 신기했다. 그만큼 내가 집에서 끊임없이 대사를 외워댔고 그걸 옆에서 계속 듣다 보니 자연스럽게 뇌에 박혔던 모양이다. 연극은 8월 말 토요일 오후 4시와 7시, 일요일 오후 4시 이렇게 3회를 했는데, 내가 능란하게 연기했다고 자부하기는 어렵지만 다행스럽게도 한 번도 실수를 하지 않았다. 어떤 분을 만나 이런 연극 무대에 설 기회를 갖는 것도 기적이었지만 나처럼 영어가 형편없는 놈이 그 짧은 기간 준비해서 큰 무대에서 실수 없이 연극을 소화낸 것도 기적과 같은 일이었다.

3. 자율적 선택 의지와 자신감으로 스스로의 운명을 만들 수 있다

사람의 운명은 정해져 있는가? 대체로 정해져 있다고 생각하는 사람들이 많은 것 같다. 그래서 사람들이 사주팔자나 점을 많이 보고 소위 명리학에 관심을 많이 기울인다. 종교적으로도 신에 의해 인간의 운명이 정해져 있다고 믿는 것 같다. 그러나 실상은 우리 인간이 스스로의 운명을 만들어간다. 우리는 늘 선택의 기로에 서서 어느 한쪽을 선택하게 된다. 오늘, 놀기로 선택할 수 있고 공부하거나 또 다른 어떤 의미 있는 일을 할 수도 있다. 중고등학교 시절 학업보다는 게임을 우선시했다면 원하는 대학에 가기 어려운 것이고, 대학 시절 역시 학업보다는 다른 것에 보다 심취했다면 당연히 학점이 좋지 않게 된다. 우리의 이러한 선택에 의해 우리의 운명이 만들어지는 것이다. 그래서 여기서 중요한 것이 보다 올바른 선택을 하는 것이다. 우리 인간은 누군가에 의해 외부에서 강요될 때보다 스스로 원해서 어떤 것을 선택하는 경우에 훨씬 적극적으로 책임감을 가지고 그것을 하게 된다. 그래서 나 자신은 물론 다른 사람의 자율적인 선택 의지를 지지하고 그 선택 결과를 존중해주는 것이 필요하다.

이와 더불어 자신의 운명을 만들어 가는 데 핵심적으로 필요한 것이 자신감(confidence)이다. 이 자신감이 없으면 실력이 아무리 쌓였더라도 제 실력을 발휘하지 못하고 자신감이 있으면 실력이 좀 모자라더라도 제 실력 이상으로 성과를 낼 수도 있다. 우리나라 축구가 2002년 월드컵 축구대회에서 실제 실력으로는 1승도 어려웠는데 4강까지 갔었던 것은 자신감이 넘쳐 제 실력의 150%, 200%를 발휘했기 때문이다. 히딩크라는 걸출한 지도자에 의해 지독한 체력 훈련을 받고 그 강철 체력으로 강팀들과 충분히 맞붙을 수 있다는 자신감을 갖게 되었고 그것이 실제 좋은 결과로 이어졌던 것이다. 스스로 학비와 생활비를 해결하며 학업을 수행하면서 고시를 준비했던 나 자신도 그러한 자신감을 바탕으로 좋은 결과를 만들어 냈다. 그 자신감은 2002년 우리나라 축구팀이 그랬던 것처럼 근거 있는 자신감이어야 했다. 나의 경우는 부모님의 지원을 받아 하루 종일 고시 공부만 하는 사람들과 공부방법이 같아서는 백전백패다. 당시 나는 과외 아르바이트를 두 개나 하고 학교에 다니느라 뺏기는 시간이 많아 고시 공부에 투여할 시간이 매우 적었다. 그래서 그 한정된 시간을 활용하여 합격하기 위한 전략과 방법론을 강구하였고, 이를 바탕으로 자신감을 가지고 준비를 하였으며 시험장에서도 최선을 다한 결과 소기의 목적을 달성하였다.

인간은 떠올리고 싶지 않지만, 시간이 지나면 언젠가 자신이 흙으로 돌아간다는 사실을 알고 있다. 인간은 시간과 공간이라는 격자 프레임 속에 지내다 이 시간과 공간의 틀을 벗어나지 못하고 사라진다. 인간은 이 유한함에 대한 두려움, 즉 죽음에 대한 두려움 때문에 자신의 흔적이 사후에도 기억되기를 바라며 결단을 내린다. 그래서 아킬레우스는 자신의 이름이 역사에 기억되길 바라서 전쟁에 나가기로 결심한다. 그는 단순히 시간의 흐름에 자신을 맡기지 않고 자신에게 주어진 시간을 역사로 만들기 위해 참전하였다. 그리하여 그는 고대 그리스인들에게 주어진 일상적인 시간인 크로노스(Chronos)를 자신의 운명을 바꾸고 역사적인 사건을 만들어내는 시간인 카이로스(Kairos)로 바꾸어 버렸다.

에픽테토스(Epictetus, 50~135)는 "인간은 일어나는 일 자체가 아니라 그것에 대한 자신의 생각 때문에 고통스러워 한다"고 하였다. 고통을 유발하는 것은 내가 처한 상황이 아니라 그 상황에 대한 나의 반응이다. 제2차 세계대전 당시 아우슈비츠 수용소에서 겨우 죽음을 면했던 정신과의사 빅터 프랭클(Victor Frankl, 1905~1997)은 '인간에게서 모든 것을 빼앗아 갈 수는 있지만, 어떠한 상황에 처하더라도 삶에 대한 태도에 대해 인간 스스로 선택할 수 있는 자유는 빼앗을 수 없다'고 하였다. 이것을 직시할 때 우리는 어떤 상황에서도 새로운 힘을 찾을 수 있고 새로운 선택의 세계를 펼칠 수 있다. 외부적 상황은 사실 우리의 통제 범위를 벗어나 있기 때문에 우리가 아무리 용을 쓴다고 해도 어찌할 수 없다. 우리가 의지대로 할 수 있는 것은 그 상황에 어떻게 반응할지를 선택하는 것뿐이다. 따라서 우리의 행복을 좌우하는 것은 우리가 처한 상황이 아니라 그 상황에 어떻게 반응하기로 선택하느냐이다. 우리 자신에게 어떤 일이 일어나더라도 우리 내면에 행복할 수 있는 길을 선택할 힘이 있다.

또한 우리에게 일어나는 모든 상황이 우리 자신의 성장과 발전에 자양분이 될 수 있다는 사실을 직시할 때 우리는 외부적 환경이 가하는 고통에서 자유롭게 된다. 우리가 외부적 상황이 주는 어려움이나 고통이 아니라 그 해결책에 초점을 맞춘다면 도처에서 문제를 해결하는 데 필요한 자원을 발견하게 되고 결국은 외부적 상황을 극복하며 한 단계 성장하게 될 것이다. 나 역시 대학 시절 학비와 생활비를 스스로 해결하며 학업을 수행해야 하는 상황에서도 다른 사람들에게 손을 벌리지 않고 내 힘으로 모든 것을 처리하려고 하였다. 그랬더니 처음에는 좀 힘들었지만, 나중에는 그게 자연스러워지고 모든 것을 너끈히 해결하게 되었다. 언젠가 셋째 형님이 나한테 "그래도 명색이 형인데 한 번도 도와달라고 하지 않았다. 얘기를 했으면 등록금 한 번쯤은 내 주려고 했는데, 형으로 인정하지 않아서 그런 건가 생각되어 섭섭했다"라고 말씀하셨다. 그래서 나는 "제가 왜 힘들지 않았겠어요. 그러나 한번 손을 벌리면 저 스스로가 약해져 계속 손을 벌리게 되고 그러면 모두가 힘들어지게 되어 그랬어요. 그렇게 하는 것이 궁극적으로 저를 위하는 길이고 형님을 위하는 길이라고 생각했어요"라고 답을 했다. 그 형님은 "그래서 더 기특하고 대견하구나, 우리 동생!"이라고 하셨다.

심리학 용어인 '거울효과'(mirror effect)는 상대의 태도와 감정을 은근히 따라서 하게 되는 현상을 말하는데 상대를 설득하는 데 유용하게 활용될 수 있다. 우리말 속담에도 '웃는 얼굴에 침 못 뱉는다'라는 게 있다. 상대방을 웃게 만들고 싶으면 나부터 웃어야 하는 것이다. 상대방이 믿게 만들고 싶으면 내 마음에 믿음이 강하게 자리해야 한다. 상대방은 내 얼굴과 몸에 드러나는 내 마음의 감정을 따라 반응하게 되어 있다. 이러한 원리는 다른 사람과의 관계에서만 작용하는 것이 아니다. 우리 자신은 마음과 생각 그리고 그것을 따라가는 몸으로 구성되어 있다. 우리의 마음과 생각을 어떻게 먹느냐에 따라 몸의 움직임을 좌우하게 된다. 따라서 어떤 일이든지 자신감을 가지고 지속해 나간다면 몸도 거기에 적응해서 따라줌으로써 성과를 내게 된다. 우리가 어떤 일을 마지못해서 한다면 몸도 그 정도 수준에서 반응함에 따라 결과적으로 마음과 몸도 힘들고 성과도 잘 내지 못하게 된다.

우리는 기쁘거나 유머러스한 얘기를 들을 때 웃게 된다. 웃으면 만족감을 느끼고 스트레스가 해소될 뿐만 아니라 왕성한 호르몬 분비로 면역체계가 강화된다고 한다. 또한 웃으면 혈액 순환이 원활해지고 통증도 줄여 준다고 한다. 그래서 웃음이 질병 치료의 보조 수단으로도 사용되고 있다. 우리가 웃을 수 있는 상황을 접해서 자연스럽게 웃게 되지만, 반대로 웃는 표정을 지으면 몸에서 웃을 때와 비슷한 화학반응이 일어나 기분이 좋아진다고 한다. 이와 관련하여 1960년대에 미국의 심리학자 실반 톰킨스(Silvan Tomkins)가 '안면 피드백 이론'(facial feedback theory)를 제시하였는데, 표정 변화를 통해 우리 자신의 감정을 조절할 수 있다는 게 그 핵심 내용이다. 이제 우리는 우리의 일상생활에서 미소 지을 때처럼 입꼬리를 살짝 들어주어 기쁘고 만족한 얼굴 표정을 지음으로써 행복한 감정을 느끼며 살아갈 수 있다. 이렇게 하여 '웃지 않고 보낸 하루는 잃어버린 하루다'라는 찰리 채플린의 말을 경구 삼아 하루하루를 기쁘고 행복한 마음으로 알차게 살아갈 수 있는 아주 간단한 방법을 손에 넣게 되었다.

우리는 주변 사람들의 기대가 나에게 영향을 미쳐 그렇게 행동하게 되었던 경험들을 가지고 있다. 미국의 사회학자인 머튼(Robert

Merton)에 의해 개념화된 자기 충족적 예언(self-fulfilling prophecy)이라는 심리학 용어는 누군가의 부정적 기대나 잘못된 예언의 영향을 받아 실제 그 기대와 예언을 스스로 성취하게 되는 현상을 말한다. 이를 확장하면 누군가의 긍정적 기대나 바람직한 희망의 예언에 영향을 받아 역시 그 기대와 예언을 성취하게 되는 경우도 포함할 수 있을 것 같다. 이것을 다른 사람의 기대나 예언이 아니라 자기 자신의 강렬한 기대와 희망에 따라 그것을 스스로 성취해 나가는 경우까지도 생각해볼 수 있다. 이것은 심리학 용어로 피그말리온 효과(Pygmalion effect)로 개념화되었는데, 그리스 신화의 피그말리온은 자신의 뛰어난 조각 솜씨로 실물 크기의 아름다운 여인을 만든 후에 날마다 조각상에 애정을 표현하며 미의 여신 아프로디테에게 그 조각상을 살아있는 아내로 맞이하게 해달라고 빌었고 결국 소원을 이루게 되었다는 것이다. 보다 현실적으로는 '내 인생의 주체는 바로 나 자신이야. 내 힘으로 뭐든 해낼 수 있어'라는 자기 효능감(self-efficacy)을 가지면 자신의 삶을 스스로가 원하는 대로 이끌어 갈 수 있다. 이 개념은 앨버트 밴듀라(Albert Bandura)가 제시했는데, 어떤 문제든 자신의 능력으로 해결해 낼 수 있다는 자신에 대한 신념이나 기대감을 의미한다. 우리가 이러한 자기 효능감 또는 자신감을 가지고 살아가게 되면 모두 스스로 원하는 삶을 살고 자신의 새로운 운명을 만들어갈 수 있을 것이다.

4. 일을 잘하면서 내가 원하는 것도 잘할 수 있는 비결이 있다

우리 인간은 기본적으로 생계를 위해 직장생활을 하게 된다. 이 직장이 자신의 취향이나 역량에 맞는 경우도 있지만 대부분은 그렇지 않더라도 생존을 위해 어쩔 수 없이 일한다고 볼 수 있다. 일반적으로 보면 낮 시간에 업무를 하다가 잘 안되면 '저녁에 하지' 하며 일이 늘어진다. 저녁에도 잘 안 풀리면 '주말에 나와서 할 거야' 하며 적당히 하게 된다. 이렇게 되면 나를 위해 쓸 시간도 줄어들지만 일에 대한 스트레스가 평일 저녁 시간이나 주말까지 연장된다. 이러한 현상이 벌어지는 것은 우리 자신을 위해 몰두할 또 다른 어떤 것이나 목표가 없기 때문이다. 그런 게 있으면 저녁 시간이나 주말에 이것을 해야 하기 때문에 직장의 업무는 평일 낮에 집중해서 효율적으로 하게 된다. 직장 일이 어쩌다 정말 바빠서 야근을 하거나 주말에 나와야 할 경우도 있지만 솔직히 대부분은 평일 낮 시간에 그것도 몇 시간이면 해결될 수 있는 일들이다. 즉, 평일 저녁이나 주말에는 시간을 내서 내가 원하는 것을 할 수 있는 것이다. 그리고 내가 자발적으로 원해서 하는 것은 아무리 힘들어도 나에게 스트레스를 주지 않는다. 이렇게 평일 낮에는 직장 일에 집중하여 효율적으로 처리하고 평일 저녁 시간이나 주말에 내가 원하는 것을 하게 되면 생활 모드가 바뀌면서 일에 대한 스트레스로부터도 벗어나게 된다. 이것이 일을 잘하면서 내가 원하는 것도 잘할 수 있었던 첫 번째 비결이다.

나는 이 비결을 활용하여 직장 일을 잘하면서도 학사 1개, 석사 2개, 박사 2개를 취득하였다. 나아가 라틴댄스, 악기, 성악, 판소리, 연극 등을 배웠던 것은 물론 공익재단 설립을 추진하기도 하였다. 또한 골프동호회나 문화예술동호회 등 여러 가지 동호회 활동도 활발히 하였다. 42세 늦은 나이에 레슨을 안 받고 시작한 골프의 경우 초반에 상당히 애를 많이 먹었지만 나름의 노력으로 6~7년 전부터는 평균타수 80대 초중반에 도달하여 어쩌다 싱글도 치는 수준이 되었다. 이러한 것들을 동시에 잘할 수 있었던 것은 위와 같은 비결이 작동하였지만, 나에게는 또 다른 나만의 특별한 자존심이 작용하기도 하였다. 즉, 학업을 병행하거나 다른 것들을 한다고 직장 일을 등한히 하여 성과를 잘 못 내는 것은 내 자존심이 허락하지 않았다. 반대로 직장 일을 하면서 학업을 한다고 공부를 대충하는 것 역시 내 자존심이 허락하지 않았다. 이것이 어려운 직장생활을 잘하면서 내가 원하는 것들도 역시 잘 해낼 수 있었던 또 다른 비결이다. 뒤에서 내 인생의 스승 편에서 언급하겠지만 직장 일이든 내가 원하는 어떤 것이든 나는 스스로가 제갈량이나 이순신처럼 나름 최상의 전략을 세워 최고의 성과를 내고자 했다는 것도 비결 중의 하나로 추가할 수 있겠다. 누구든지 위에서 언급한 것들을 잘 참고해서 직장에서는 물론 자신의 삶에서 스스로가 원하는 것들을 잘 이루면서 살 수 있을 거라고 믿는다.

우리가 하루 중 깨어있는 대부분의 시간을 보내는 직장생활에서 성과를 내고 자기 능력을 발전시키는 것과 관련하여 두 가지를 덧붙이고자 한다. 첫째, 궂은일도 마다하지 않고 어려운 일도 솔선해서 하는 것이 중요하다. 이렇게 하면 자기 자신에게 능력을 키우고 조직에 기여할 기회를 만들어 줄 뿐만 아니라 직장 내 평판도 좋아져 누구나 같이 일하고 싶어 하는 사람이 되어 더 많은 역할을 맡게 된다. 반대로 궂은일이나 어려운 일을 피하면 능력 발전 기회를 못 얻고 평판도 나빠져서 정체될 뿐만 아니라 더 큰 역할을 맡기 어려워진다. 둘째, 대내외 소통 및 대인 관계가 중요하다. 하위 직급에 있을 때는 좁은 영역의 일이나 주어진 일을 혼자서만 열심히 해도 성과를 낼 수 있다. 그러나 직급이 올라가고 업무 범위가 넓어지면 대내외 소통과 협력을 통해 해결해야 하는 일들이 대부분이다. 따라서 시간이 지나고 직장 경력이 쌓이는 것과 비례하여 대내외 네트워킹을 강화하고 공감 및 소통 능력을 신장시키는 것이 필요하다. 직장에서 이상의 두 가지를 잘하면 자연스럽게 성과를 내고 스스로의 역량을 발전시키게 될 뿐만 아니라 조직의 리더로 성장을 하게 된다. 리더가 되면 구성원들 위에 군림하는 것이 아니라 '그들 덕분에 내가 리더로 존재한다'는 자세로 임해야 리더로서 더욱 성장하게 된다. 그야말로 '사람의 마음을 사로잡는 리더십'의 소유자가 되어 조직 구성원들의 지혜와 역량을 모아낼 수 있어야 하는 것이다.

도스토옙스키는 "습관은 그 어떤 일도 할 수 있게 해준다"라고 말했다. 우리가 그리 어렵지 않게 아침 일찍 일어나 출근하는 것도 습관이 만들어져서 그렇다. 습관은 결국 반복을 통해 얻어진다. 우리가 어떤 것에 보다 집중하고 반복하게 되면 자연스럽게 습관이 형성되고 그렇게 습관처럼 지속하게 되면 성과가 쌓이고 높은 경지에 이르게 된다. 그래서 인지심리학 분야에서 '10년 법칙', '1만 시간의 법칙'과 같은 용어가 나오게 되었다. 즉 어떤 분야에서 하루에 3시간 이상씩 10년을 지속적으로 노력하면 전문성을 획득하고 전문가 반열에 오르게 된다는 것이다. 우리는 누구든 스스로가 좋아하는 분야를 찾아 하루 3시간씩 몰두할 수 있다. 직장에 다니더라도 하루에 3시간을 빼는 것은 충분히 가능하다. 평일에 3시간까지 할애하기 어려우면 주말에 채우면 된다. 원하는 바를 이렇게 하루에 3시간씩 10년을 한다면 10년 후에 소기의 성과를 반드시 이루어내게 된다. 은퇴했다면 하루에 3시간씩 하는 것을 2개 이상으로 늘릴 수도 있고, 하나에 6시간 이상씩 하면 10년이 아니라 5년이면 목표에 도달하게 된다. 그러므로 은퇴를 한 사람에게 은퇴가 축복이 될 수 있다. 돌아보면 나 자신이 직장생활 중에도 석사학위는 물론 박사학위를 2개나 받을 수 있었던 것은 이와 같은 자세로 하루하루를 지냈었기 때문이다.

서양에서 사람들의 삶에 가장 큰 영향을 미쳐온 책을 예로 들라고 하면 아마도 『성경』을 택하는 경우가 많을 것 같다. 그렇다면 동양, 특히 동아시아에서는 어떤 책이 가장 영향을 많이 끼쳤을까 묻는다면 『논어(論語)』가 가장 앞자리에 설 것 같다. 논어는 유학 또는 유교의 근간으로서 2천 년 이상 중국과 동아시아의 지배 이데올로기이자 일반 사람들의 삶을 규정해 온 지침 같은 것이었다고 볼 수 있다. 아편전쟁 이후 서구 세력의 전 세계적 지배력이 커지고 서구화가 곧 근대화라는 공식이 자리 잡으면서 논어식 가치관이 퇴조할 수밖에 없었지만 오랜 기간 동아시아인들의 의식과 행동양식을 지배해 온 만큼 오늘날에도 그 핵심적 가치는 어느 정도 잠재해 있다고 볼 수 있다. '學'자로 시작하는 논어는 배움을 통해서 나의 부족한 점을 보완하여 배운 이후 질적으로 다른 사람이 될 수 있다고 보아 사람들에게 인생의 가장 중요한 덕목으로 배움의 길을 제시한 것이다.

이러한 배움의 중요성은 『순자(荀子)』 제일편의 권학(勸學), 주희(朱熹)의 권학문, 장지동(張之洞)의 권학편 등에서도 지속적으로 강조되고 있다. 이러한 관념이 작용하여 동아시아 국가들에서의 교육열이 높은 것으로도 이해될 수 있다. 논어에 발분망식(發憤忘食)이라는 말이 나오는데 이는 "어떤 일을 해내려고 먹는 것조차 잊고 열중하여 노력한다"는 의미다. 또한 논어에 종오소호(從吾所好)라는 말이 나오는데 "내가 좋아하는 것을 좇아서 하겠다"는 의미다. 이 두 가지가 결합된다면, 즉 내가 좋아하는 것을 좇아서 하는데 밥 먹는 것까지 잊고 열중한다면 누구든 자신의 삶을 주도적으로 의미 있게 꾸려갈 수 있게 될 것이다. 내 인생을 돌아볼 때 위와 같은 인식과 태도가 어느 정도 작용했다고 생각되는데 나 역시 동아시아인이라는 태생적 영향을 받았다고 볼 수 있다.

우리 각자는 태어남 자체를 선택할 수는 없다. 그래서 어느 나라, 어느 집안에서 태어나느냐에 따라 사회경제적 환경이 다를 수밖에 없다. 부유한 가정에서 태어나 온갖 좋은 교육은 물론 의식주의 풍요로움을 누리는 경우도 있고 나처럼 초가집만 있는 산골 마을 남의 집 사랑채에서 태어나 온갖 어려움을 겪으면서 자랄 수밖에 없는 경우도 있다. 이러한 생래적(生來的) 환경은 내가 불평한다고 해결될 수 있는 성질의 것이 아니다. 그래서 그러한 어쩔 수 없는 환경은 받아들이고 내가 그것을 뛰어넘는 성과를 내려면 어떻게 할 것인지에 집중하는 것이 제일 중요하다. 여기에서 우선 필요한 것이 견지해야 할 마음가짐과 자세이다. 필자는 사람들이 흔히 들어왔던 '진인사대천명'(盡人事待天命)의 자세로 살아왔다. '진인사대천명'은 삼국지에 등장하는 제갈량(諸葛亮, 181~234)이 '수인사대천명'(修人事待天命, 사람의 일을 닦은 연후 천명을 기다린다) 이라고 했던 말을 남송(南宋)의 유학자 호인(胡寅, 1098~1156)이 자신의 저서 『독사관견(讀史管見)』에서 한 글자를 바꾸어 처음 사용했다. 『맹자(孟子)』 진심(盡心)편에는 자신의 마음을 다하고 난 뒤에 우리 자신의 본성과 한계를 알 수 있다는 말이 있다. 이렇게 자신이 할 수 있는 모든 것을 쏟아붓고 최선을 다하면 대부분 좋은 결과가 나오게 되지만 설령 결과가 좋지 않아도 겸허하게 받아들이고 결과가 좋아도 감사히 받아들일 수 있는 것이다. 또한 그렇게 최선을 다해야 고대 로마의 철학자 세네카(Lucius Annaeus Seneca, BC 4~AD 65)의 말(Luck is what happens when preparation meets opportunity.) 대로 행운도 따르게 된다.

우리는 그렇게 매 순간 성실하게 살아야 하고 특히 결정적인 순간에 최선을 다하는 것이 매우 중요하다. 내가 1994년 8월 초 행정고시 2차 시험을 볼 때의 일이다. 성균관대에서 4일 동안 시험을 치렀는데 나는 시간도 아끼고 컨디션도 좋게 유지하려고 근처 모텔을 잡았다. 학업과 과외 아르바이트로 공부할 시간이 충분하지 않았고 어머님이 돌아가시는 바람에 방황하느라 시간을 많이 허비하였지만, 그 한계 상황 속에서나마 나름 준비를 했다. 그해 여름은 역대급으로 더웠고 당시 그 학교에는 에어컨 시설이 없어 반바지에 런닝셔츠, 그리고 슬리퍼 차림으로 시험을 치러야 했다. 첫날 시험은 잘 치렀다. 그러나 상대적으로 공부량이 부족했던 경제학이 둘째 날 첫 시험이었는데 절망적인 상황에 직면하였다. 시험이 시작하자 교실 앞 칠판 위의 두루마리 문제지가 펼쳐졌는데 논술형으로 50점짜리 1문제, 25점짜리 2문제가 나왔다. 살펴보니 25점짜리 한 문제만 공부한 것이고 나머지는 내가 공부하지 못했던 부분에서 나왔다. 특히나 후회되었던 것은 50점짜리 문제의 경우 행정대학원 연구실에서 같이 공부했던 학우들 셋 각각으로부터 어느 책의 그 부분을 보라는 얘기를 들어 복사까지 해놓고도 미처 보지를 못하고 시험장에 들어온 것이다. 사람들은 보통 이 정도면 멘붕이 와서 거의 대부분 자포자기 심정이 되어 대충 답안을 작성하고 나왔을 가능성이 크다. 특히 그해 여름은 너무도 더워 가만히 앉아 있어도 땀이 주르르 흘러내렸기 때문이다.

그러나 나는 달랐다. 나는 늘 어려운 환경에서 살아왔고 어떻게 보면 매사가 위기였음에도 불구하고 아무렇지도 않은 듯 너끈히 헤쳐 왔기 때문에 이번에도 역시 이 순간에 최선을 다하겠다고 작정하였다. 일단 아는 문제 25점짜리를 정성껏 기술하고 나니 시험시간 2시간 중 1시간 30분이 남았다. 그래서 50점짜리 문제를 잘 분석하고 그동안 짧게나마 공부한 경제학적 지식을 총동원하여 나름의 논리적 전개의 틀을 짜서 심혈을 기울여 답안을 작성하였다. 역시 30분이 남아 나머지 25점짜리도 정성을 기울여 답안을 기술하였다.

이렇게 최선을 다했지만, 경제학 과목의 과락 가능성이 커서 나머지 과목들에 대해 집중력이 떨어질 수밖에 없었다. 경제학에서 복사해 놓았던 그 부분만 보고 들어갔어도 아무런 문제가 없었을 텐데 하는 후회도 매우 컸다. 어차피 경제학에서 과락을 받으면 다른 과목들을 잘 봐도 아무 소용이 없는데 굳이 나머지 시험을 볼 필요가 있을까 싶어 남은 시험을 포기할 생각을 잠시 갖기도 하였다. 그러나 경제학 시험장에서 작정했던 것처럼 나머지 과목들도 한번 해보자 생각하고 끝까지 시험을 치렀다. 그럼에도 불구하고 경제학 과락 염려 때문에 합격을 자신할 수 없어 다음 해에 1차와 2차 동시 합격을 노리며 새롭게 시험 준비를 하고자 하였다. 그런데 의지를 다지는 월악산 산행 후 합격자 발표날, 전화로 확인해보니 '합격'하였다는 믿기지 않은 메시지가 흘러나왔다. 나중에 성적을 확인해 보니 경제학이 정말 아슬아슬하게 과락(40점)을 면하였고 전체 성적은 상위권에 속해 있었다. 그 더운 여름날 최악의 상황에서 경제학 시험을 포기하지 않고 최선을 다해 '합격'이라는 그야말로 기적 같은 결과를 얻어냈다.

5. 좀 더 가치 있는 삶을 추구하는 것이 세상에 온 이유다

우리 인간 누구에게나 남을 돕고자 하는 본성이 있다. 맹자(孟子, BC 372~289)가 유자입정(儒子入井)이라고 했는데, 어린아이가 우물에 빠지려고 할 때 누구나 구하려 한다는 것이다. 이는 맹자의 불인인지심(不忍人之心), 즉 누구나 '다른 사람이 겪는 고통을 보면 참지 않으려는 마음'이 있다는 말과 일맥상통한다. 그의 측은지심(惻隱之心)도 같은 맥락이다. 우리는 이와 같이 남을 도우려는 본성을 가지고 태어났지만, 소유욕과 이기심을 조장하는 자본주의 사회에 물들다 보니 자신의 본성을 거슬러 살고 있는 것이다. 앙드레 지드는 『지상의 양식』에서 '존재하는 것은 모두 제 필요에서 태어나는 것이기 때문에 외부로 나타난 하나의 필요에 불과하다'라고 하였다. 즉 모든 존재는 필요에 의해 생겨났고, 우리 역시 이 우주와 지구에 필요해서 태어났다는 것이다. 그래서 이 우주의 자연 속의 존재는 모두 이러한 필요에 순응해서 우주가 필요로 하는 가치를 만들어내며 조화롭게 살고 있다. 그런데 우리 인간들은 이러한 존재의 이유를 잊어버리고 그것을 거슬러 살고 있다.

사람은 세상에 태어나면서부터 각자에게 부과된 특별한 '임무'가 주어지는데, 그리스도교 신약성서에서는 이를 '달란트'라 부른다고 한다. 그래서 사후 세계의 심판자들은 죽은 자가 살아있는 동안 자신의 달란트를 알고 실천하였는지를 심문한다고 한다. 즉, 인생에서 가장 큰 죄는 자신이 반드시 해야 할 일을 알지도 못하면서 그것을 찾으려 하지 않고 또한 알더라도 그것을 위해 최선을 다하지 않는 것이기 때문이다. 자신의 이러한 고유한 미션을 '소명(召命)'이라고 하는데, 사람이 이러한 소명을 깨닫고 이를 완수하면 '위대한 자'가 될 수 있다고 한다. 따라서 우리가 죽음을 인식하고 자신의 유한한 삶의 여정에서 스스로 깨달은 소명을 이행하기 위해 분투 노력하는 것이 결국 위대한 삶이 될 수 있는 것이다.

앞에서 내가 죽을 수도 있었던 몇 번의 상황들에 대해 언급했었는데 나는 이 세상에 태어나 이렇게 여러 번 죽음에 직면해 다시 살아났다는 것에서 '뭔가 유의미하고 가치 있는 일을 하고 가야 하지 않을까'하는 그 어떤 의무감을 느끼기도 하였다. 사실 우리는 매일 죽을 수도 있는 상황에 처한다. 불과 한 달 전에 건강한 모습으로 보았던 친구가 갑작스럽게 교통사고로 세상을 떠난 경우도 있고 코로나 시기에 그 건강하던 분들이 갑자기 세상을 떠난 경우도 있다. 우리가 이미 이 세상에 태어난 이상 언젠가는 죽음을 맞이하게 된다. 그렇다면 죽음은 피할 수 없으니 살아있는 동안 어떻게 보내느냐가 중요해진다. '어차피 죽을 것인데 즐기다 가자'며 쾌락을 추구할 수도 있다. 이 경우 죽음에 직면해서는 '내가 의미 있는 삶을 살지 못했다'고 후회할 것 같다. 따라서 '얼마 남지 않은 인생인데 이 세상을 위해, 다른 사람들을 위해 뭔가 의미 있는 일을 하면서 살다가 가자'고 생각하고 그렇게 살면 죽음을 훨씬 담담하게 맞이할 수 있을 것 같다. 다만 이렇게 인생의 의미만 찾다보면 스스로를 지치게 할 수도 있으니 가끔은 다른 사람들과 같이 할 수 '재미'와 즐거움도 누리는 것이 좋을 것 같다.

그래서 나로서는 가족을 잘 부양하고 직장 일에 충실함으로써 기본적인 사회적 기여를 하고 추가적으로 사회적 정의 구현을 위한 이러저러한 시도들을 해왔다. 대표적인 예로 들 수 있는 것은 공익재단 설립을 추진하고자 했던 사항이다. 2018년에 우리나라 대법원이 일제에 의해 강제징용으로 끌려가 일본 기업에서 일한 분들에게 해당 기업이 1억원씩 배상을 하라는 판결을 내렸다. 그러나 일본 정부가 이에 반발하여 2019년에 반도체 제조 공정에 들어가는 소재나 부품에 대해 한국 수출을 금지하는 조치를 취했고 우리나라 반도체 생산에 차질이 빚어졌다. 양국의 갈등으로 정작 강제징용 피해자들은 어떤 구제도 받지 못하는 상황에 직면하였다. 이 상황에서 강제징용 피해자이자 소송 당사자이신 이춘식 할아버지께서 '나 때문에 일본의 경제 보복이 이루어지고 있는 것 같아 괴롭다'고 인터뷰한 기사를 보게 되었다. 나는 일제 강제징용으로 남양군도까지 끌려갔다 오신 내 아버님이 떠올라 '양국 정부가 아무것도 못 하는 상황이니 민간에서 나 같은 사람이라도 나서야겠다'고 생각했다. 그래서 내가 1억원을 출연하였고 내 뜻에 동조하는 많은 지인들이 10만원, 20만 원, 50만 원, 100만 원, 500만 원씩 총 1천6백만 원을 찬조하였는데 이 돈으로 재단을 만들려고 하였다. 재단명은 '(가칭)아시아평화미래재단'으로 하였는데 재단 설립의 목적은 기본적으로는 일제 시 강제징용 등으로 피해를 입은 한국인은 물론 동아시아인들을 돕고 나아가서는 한일 갈등 완화와 동아시아 평화정착에 기여하는 것이었다. 그리하여 시민사회의 덕망 있는 서울대 손봉호 명예교수님을 재단설립준비위원회 위원장님으로 모시고 나는 부위원장 역할을 하며 2019년 10월에 프레스센터에서 기자회견을 하였다.

우리나라의 정치 현황을 살펴보면 한심하다는 생각이 들고 때로는 분노가 치밀기도 한다. 소위 우리 사회의 리더이자 엘리트라고 하는 사람들이 자신의 권력적 지위의 유지와 확대에 혈안이 되어 국민의 안위와 행복은 뒷전에 있고 상대방을 헐뜯고 비하할 뿐 아니라 심지어 부패하고 비도덕적이기도 하다. 한 사회에서 진정한 엘리트는 권력을 추구하고 있는 어떤 상위 지위에 있는 세력들이 아니라 일반 시민들이 좋은 삶을 살 수 있도록 최선을 다하고 나아가 그러한 헌신적인 노력에서 보람을 찾는 사람들이다. 정치의 본질은 권력을 획득하고 유지하는 것이 아니라 사람들 사이의 다양한 의견을 조율하고 갈등을 슬기롭게 해결하는 데 있다. 공자는 정치는 진심을 담아 덕으로 하는 것이며 백성의 신뢰를 얻는 것이라고 보았고 또한 정치는 잘못된 것을 바로잡고 솔선수범하는 것이며 현명한 인재를 등용하는 것이라고 하였다. 논어의 자로(子路) 편에서 초나라 대부 섭공(葉公)이 정치에 관해 묻자, 공자는 '근자열원자래'(近者悅遠者來, 가까이 있는 사람들을 기쁘게 하면 멀리 있는 사람들이 찾아오게 된다)라고 하였다. 이렇게 여러 가지 측면에서 우리나라 정치인들의 변화가 강력히 요구된다. 나아가 우리 일반 시민들이 정치에 대한 올바른 시각에서 적절한 정치인들을 선택하고 부적절하고 부패한 정치인들은 퇴출시키는 정치적 권리를 행사해야 할 것이다.

에릭 홉스봄(Eric Hobsbawm, 1917~2012)은 "사회의 불의는

늘 규탄하고 맞서 싸워야 한다. 세상은 저절로 좋아지지 않는다"고 하였다. 고대 그리스 아테네의 시인이자 정치가인 솔론(Solon, BC 630-560경)은 "피해를 입지 않은 사람이 피해를 입은 사람과 똑같이 분노할 때 정의가 실현된다"고 하였다. 불의를 보고 침묵하는 것은 그 불의를 지지하는 것과 같다. 불의는 사회의 침묵 속에서 독버섯처럼 소리 없이 자라난다. 자기 자신의 권리뿐 아니라 다른 사람들의 정당한 권리가 침해되는 것에 대해 분노하고 저항할 때 사회는 정치적으로 건강해지고 정의롭게 된다.

경제학에서는 인간을 이기적인 존재로 보고 이론을 전개한다. 경제학이 기본적으로 자본주의 경제를 분석 대상으로 하고 있기 때문에 그런 현상을 보인다고 볼 수 있다. 그러나 사람들은 경제학에서 규정한 대로 행동하지 않는 경우도 있다. 최후통첩 게임(Ultimatum Game)의 실험 사례에서 보듯이 사람들은 공정성이 침해되었다고 생각하거나 공정성을 지키기 위해 필요한 일이라고 생각하면 자신의 금전적 이익도 과감히 포기하기도 한다. 또한 어떤 사람들은 시간을 허비하고 오히려 경제적으로 손해가 날 수 있음에도 불구하고 국민참여재판에 참여하거나 범죄현장 목격을 증언하기 위해 수사기관에 가기도 한다. 경제학에서의 논리대로 사람이 물질적인 이익이나 손해에 민감한 존재라고 보아 사회적 규범을 지키도록 금전적 보상이나 벌금제도를 도입하는 경우도 많다. 그러나 이러한 금전적 보상이나 벌금제도를 도입할 경우 사람들의 도덕성이나 사회적 책임감을 갑자기 사라져 버리게 하는 현상도 나타나는데 이를 '구축효과'라고 부른다. 돈이 결국 사람들의 사회적인 감정을 몰아낸다는 것이다. 사람들은 사회적 동물로서 어떤 보상이나 처벌이 없더라도 사회적 규범을 지키고 다른 사람을 위하려는 성향도 지니고 있다. 사람들의 물질적인 이익이나 손해와 상관없는 이러한 사회적 태도는 사회 속 구성원으로서 기본적으로 지향하는 가치라고 볼 수 있다. 신뢰, 연대, 호의, 참여 등의 가치들은 공동체 구성원의 안전과 행복을 좌우하는 무형의 자본이다. 즉, 사회와 공동체를 형성하고 지탱하는 이러한 자본이 바로 로버트 퍼트남(Robert D. Putnam), 제임스 쿨만(James S. Coleman) 등에 의해 사용된 '사회적 자본'(social capital)이라는 개념이다. 따라서 향후 정책이나 제도를 설계할 때 경제학에서 규정한 것과는 다른 측면에서 인간의 특성을 고려하고 이러한 사회적 자본을 강조하고 장려할 필요가 있다.

제 3 부
누가 삶의 스승이 되었는가

1. 나를 지탱해 준 근원

어려서 산골 마을에 살 때 소나 염소가 새끼를 낳는 장면을 몇 번 보았다. 소나 염소는 태어나자마자 거의 바로 서고 잠시 뒤뚱거리다가 이내 걷는다. 그러나 우리 인간은 어떤가. 태어난 후 몇 개월이 지나야 겨우 뒤집기를 하고 또한 수개월이 더 지나야 기어다니게 되며 1년여가 되어야 잡고 일어서며 서서히 걷게 된다. 대소변은 당연히 가리기 어려워 두세 살까지도 기저귀를 차게 된다. 그 후 초등학교에 들어갈 무렵까지는 부모나 어른들의 거의 절대적인 보살핌 속에 살아간다. 초등학교 고학년이 된 이후부터는 나름의 자아의식이 형성되면서 스스로의 생활이나 공부를 통제해 가는 힘을 키워가게 된다. 부모의 경제적 지원을 바탕으로 중학교, 고등학교 시절에 스스로에 대한 이러한 통제력을 잘 발휘한 경우 소위 말하는 좋은 대학에 들어가거나 자기 나름의 특장점을 살릴 수 있는 길로 들어서게 된다. 이때쯤 돼서야 우리 인간은 나를 낳아준 부모의 곁을 떠날 수 있게 된다. 요컨대 소나 염소의 경우 태어나자마자 거의 바로 걷기 시작하고 며칠이 지나면 뛸 정도가 되며 몇 개월 후 어미의 젖을 떼면 독립해서 살아가게 된다. 이와 달리 우리 인간은 20년이 넘게 걸려 겨우 독립할 수 있는 위치에 가게 된다. 우리 인간이 현재의 독립된 개체로서 살아가고 있는 것은 장기간의 부모의 헌신과 사랑이 있었기 때문에 가능한 일이다. 그래서 우리는 부모님의 그 은혜에 무조건 감사해야 하고, 그러한 은혜를 받지 못하는 환경에 처한 아이들에게 따뜻한 손길을 건네고 그들을 보호해 주어야 하는 것이다.

앞에서 내 출생의 배경을 얘기할 때 열다섯 채 정도의 초가집만 있는 작은 산골 마을 남의 집 사랑채에서 태어났다고 했었다. 그동안 나는 어쩔 수 없이 그 어려운 상황에 처하셨던 우리 부모님의 입장이나 심경이 어떠했을까 생각해 본 적이 없는 것 같다. 도회지에서 잘 살다가 아버님의 사업 실패로 살림이 폭삭하여 빚만 안은 채 이 산골 마을로 쫓겨 들어오셨을 때의 심경이 어떠하셨을까. 창피하다고 고향마을로는 못 들어가시고 거기서 큰 산을 넘어 하룻길을 걸어야 닿을 수 있는 이 깊은 산골 마을로 자식들을 끌고 들어오셨을 때의 그 막막함과 비참함을 어떻게 표현할 수 있을까. 자식들을 굶기지 않기 위해 식량을 빌리거나 소작농을 하고 각종 허드렛일들도 하셨다. 소작농으로도 식량 충당이 잘 안되어 높은 지대에 밭을 개간하여 구황작물인 고구마를 재배하여 겨우내 하루 한 끼 식사를 때우기도 하였다. 수년 후에 다른 사랑채로 이사를 했다가 부모님의 분투노력으로 내가 초등학교 들어갈 무렵에 작은 김나무밭이 딸린 집을 구해 이사를 하게 되었다.

그렇다고 형편이 풀린 것은 아니었다. 여전히 그 산골 마을에서 가장 못사는 집이었다. 그러던 중 그 인근 지역의 저수지 공사나 다리 공사에서 주요한 역할을 하던 큰형님이 내 초등학교 1학년 늦가을에 병으로 세상을 떠났다. 33세의 젊은 나이에 아내와 어린 딸 둘을 두고서 말이다. 기울어진 가세를 일으켜 세울 수 있는 일말의 가능성마저 사라진 셈이었다. 자식을 먼저 세상을 떠나보내는 부모님의 심경은 어떠했을까. 상여도 없이 널만 지게에 짊어지워 높은 뒷산 중턱에 안장한 후 아버님은 2주 동안 아무 말씀을 안 하시고 안방 문 가까이 놓인 궤짝에 오른팔을 올리고 앉아서 하염없이 상념에 잠기셨다. 식사를 뜨는 둥 마는 둥 하실 때나 어쩌다 화장실 가실 때 말고는 똑같은 자세로 앉아 계셨다. 꺼이꺼이 통곡을 하시면 차라리 자식 잃은 슬픔이 좀 풀릴 수도 있었을 텐데 가장이라는 체면 때문인지 조용히 침묵하실 뿐이었다. 그러다가 남아 있는 가족이라도 보살펴야겠다는 생각이셨던지 이제 기동을 하시겠다고 하셨다. 그러나 2주 동안 같은 자세로 계속 있어서 그런지 이제는 몸이 앉은 자세 그대로 굳어져 펴지지 않았다. 그래서 할 수 없이 큰형님의 시신이 안치된 널을 지고 뒷산을 올랐던 그 건장하신 분이 나서서 아버님을 지게에 지고 높이가 400m 이상 되는 큰 산등성이를 넘어 아버님의 고향 마을 한의원에 가서 침을 맞고 회복되어 오셨다.

아버님은 큰아들을 잃은 슬픔을 딛고 그다음 해부터는 남의 집 큰 밭을 빌리고 돈도 빌려 담배 농사를 시작하셨다. 봄에 비닐하우스에서 모종을 키운 다음 밭에다 이식을 하면 여름에 담배 식물은 무섭게 자랐다. 동네 사람들은 여름 땡볕에 대부분 나무 그늘이나 정자에서 쉬면서 두런두런 얘기를 나누거나 낮잠을 청하는 게 다반사였다. 그러나 아버님은 그 뜨거운 태양 아래 담배밭에 들어가 쭈 그리고 담뱃잎을 따셨다. 이 담배 식물은 어른 키 이상으로 자라는데 뿌리 쪽 큰 잎부터 따고 위쪽의 잎들은 좀 더 커진 연후에 시차를 두고 따게 된다. 그리고 담뱃잎은 푹푹 찌는 비닐하우스 안에서 말리셨는데 나도 몇 번 따라 들어가 본 적이 있는데 내부 온도가 40~50도 정도로 숨이 막혀 죽을 지경이었다. 아버님은 하우스에 담배 모종을 키우실 때 소량의 토마토도 같이 키우셨는데 나중에 하우스 바깥 빈자리에 옮겨 심으셨다. 여름에 하우스에 가끔 갈 때마다 따서 건네주신 빨갛게 익은 토마토는 정말이지 꿀맛이었다. 가을에는 하우스에서 말린 담뱃잎들을 품질에 따라 가지런히 정리하여 묶어 포장한 후 공판장에 내놓아 등급 판정을 받고 거기에 맞는 돈을 받아오셨다. 몇 년을 이렇게 고생하신 결과 빚도 갚고 빌렸던 그 큰 밭도 사시고 논도 몇 마지기 사셨다. 그리하여 내 중학교 1학년 말 무렵에야 우리 집의 경제적 형편이 그 산골 마을에서 평균적인 수준 가까이 되었다. 그러나 그러한 고생이 몸에 무리가 되셨는지 환갑 되시던 해에 내가 중학교 1학년을 끝마치기 바로 직전 정월 대보름 다음날에 안타깝게도 세상을 뜨셨다.

먹고 사는 문제가 가장 크다 보니 내가 막내여도 신경을 쓰실 겨를이 없으셨는지 아버님은 한 번도 나를 야단치거나 매를 때린 적이 없었다. 아마도 막내아들이라 아껴서 그러셨을 것도 같다. 초등학교 5학년, 6학년 때는 가을이면 산으로 아버님과 밤을 따러 갔었다. 같이 산길을 걷고 밤을 따면서 이런저런 대화를 나눴던 기억이 난다. 그중 가장 기억에 남는 것이 일제 때 강제징용 되어 남양군도까지 끌려가셨다 살아오신 얘기다. 나중에 내가 역사를 전공하고 관련 책을 내기도 했던 입장에서는 당시에 아버님의 얘기를 더 자세히 듣고 메모까지 해 두었으면, 더 나아가 내가 대학생이 되었을 때까지 더 살아계셨더라면 얼마나 좋았을까 하는 생각을 해본다. 아버님은 소학교(지금의 초등학교)만 나오셨지만, 서당 훈장님으로부터 서예와 한학을 배워 고전에도 박학다식하셨다. 아버님이 한학에 조예가 깊고 도회지 생활을 하셨을 뿐만 아니라 강제징용 되셨던 아픈 경험까지 있어서인지 농한기인 겨울밤이면 우리 집 안방 초롱불 아래 동네 분들이 많이 오셔서 아버님 얘기에 귀를 기울이셨다.

살림이 망해 산골 마을로 들어오신 후 어머님의 고충은 아버님보다 훨씬 컸을 것이다. 자식들을 먹여야 했고 더군다나 없는 형편에 갓난아기인 나까지 보살펴야 했으니 말이다. 자식들을 굶길 수 없으니, 동네에 그래도 좀 산다 싶은 분들의 집에 가서 사정사정해서 식량을 구해 오는 게 얼마나 어렵고 괴로운 일이었을까. 아무리 힘드셔도 내색을 절대 안 하시고 먹을 것이 부족해서 거의 못 드셨음에도 불구하고 배부르다 하며 남은 음식은 자식들에게 건네주셨다. 자식들이 잘못해도 화를 내시거나 큰 소리로 야단치시는 일 없이 가급적 조용히 타이르셨다. 당시에는 손톱깎이가 없어서 가위로 손톱 발톱을 깎았는데 어머님이 가위로 내 것들을 잘라 주셨다. 종기가 나면 고름을 손으로 눌러 짜내고 그래도 남는 것은 입으로 빨아내셨고 눈에 티끌이 들어가면 손으로 비비면 안 된다고 하며 부드러운 혀로 밀어내 주셨다.

내가 어렸을 때 두 살 아래 여자 조카가 같이 살았다. 큰형님 내외도 그 좁은 집에서 같이 산 것이다. 그런데 그 조카는 무척이나 시샘이 많았다. 내가 우리 아버지 무릎에 앉아 있으면 쫓아 와서 "저리가, 내 할아버지야" 하며 나를 밀쳐 내기 일쑤였다. 내가 가진 것이 있으면 역시 시샘하며 뺏어갔다. 나도 예닐곱 살의 어린아이였기에 어쩌다가 조카 뜻을 받아 주지 않게 되면 조카는 자기 머리를 쥐어뜯으며 울고불고 떼를 쓰면서 기어코 원하는 바를 쟁취하려고 했다. 그런 상황이 오면 내 어머님은 나를 다른 방으로 불러내 조용히 타이르시거나 종아리를 걷게 한 후 회초리로 때리시면서 "삼촌이 되가지고 조카 뜻을 못 받아 주면 되겠느냐" 하시며 야단을 치시는 것이었다. 손녀가 잘못해서 싸움이 벌어진 것이지만 며느리 눈치 보느라 손녀는 뭐라고 못하시고 막내아들만 혼내시는 것이었다. 그러던 어느 날 조카의 일로 회초리로 종아리를 맞다가 억울한 생각이 들어 방을 뛰쳐나갔다. "엄마, 내가 아무런 잘못도 안 했는데 매번 이렇게 때리니 오늘 나 죽어버릴 거야" 소리치고 마당을 가로질러 사립문을 나가 비탈길 옆 패인 구덩이에 누웠다. 그때 어머님 목소리가 들려왔다. "광순아! 삽 가져오너라. 막내가 오늘 죽는다니 묻어버리자"고 하시는 것이었다. 나는 겁이 나 구덩이에 웅크린 채 가만히 있었는데 조금 있다가 나보다 열한 살 많은 그 형님이 나를 안아서 집으로 데리고 들어갔다.

이 일이 있고 난 후부터는 어머님은 나에게 회초리를 한 번도 들지 않으셨다. 나중에 들으니 40대 중반에 나를 낳으신지라 어머님이 벌써 50대에 들어서 생전에 막내아들을 얼마나 볼지도 모르는데, 앞으로는 잘못하더라도 절대로 매를 들지 않으리라고 다짐하셨다는 것이다. 그 어린 시기에 강렬한 저항이 어머님께 그런 영향을 준 셈이었다. 어머님은 소학교도 못 나오셨지만, 독학으로 한글을 깨우쳐서 성경을 읽고 찬송가를 부르셨다. 항상 자식들을 위해 조용히 기도하셨고 경제적 어려움 속에서 사시면서도 어려운 처지에 놓인 분들을 위해 뭐라도 하시려고 하셨다. 어머님은 내가 행정고시에 합격하기 바로 직전 해에 72세의 나이로 돌아가셨다. 후두암으로 2~3년 투병을 하셨는데 나는 행정고시 1차를 합격하고도 빨리 취직해서 결혼을 해야겠다는 생각에 언론사(방송사, 신문사) 시험을 치러 면접에 두 번 가기도 하였다. 그중 한 곳의 면접시험이 이틀 뒤인데 곧 돌아가실 것 같다고 해서 지방에 있는 병원으로 급히 내려갔다. 그래서 하룻밤을 병원에서 셋째 형님과 같이 있었는데 어머님이 화장실에 가시겠다고 하며 병상에서 내려오시는 것이었다. 형이 부축해 드리려고 했는데 힘겨워하시면서도 손사래를 치며 혼자서 다녀오셨다. 아마도 추한 모습을 아들에게 보이기 싫다는 마음에서 비롯되었을 텐데 생명이 다하기 직전까지 정말 강한 의지를 보여주셨다. 다들 당장 돌아가실 것 같지는 않으니 올라가서 면접을 봐도 된다고 하여 그날 저녁에 서울로 와 다음날 면접을 보았는데 그사이에 어머님은 하늘나라로 가셨다.

내가 학교에 다니면서 많은 선생님들을 만났지만 가장 크게 기억에 남는 분은 초등학교 6학년 때 담임 선생님이시다. 당시 이분은 20대 초반의 날씬하고 키도 크고 예쁜 여선생님이셨다. 아마도 그때가 교사 2년 차였고 매사 굉장히 적극적이고 열성적이셨다. 당시 나는 학급 반장을 하였고 반에서 성적이 거의 매번 1등을 하였다. 그러다 보니 나에게 기대하는 바도 컸었던 것 같다. 6월 말 어느 날 방과 후에 나를 남아라고 하셨다. 나는 반장이어서 뭘 시키려고 하시나 보다 생각하였다. 담임 선생님은 “세상에서 가장 실망스러운 게 뭔지 아니?” 그러셔서 “잘 모르겠는데요” 했더니, “누군가가 잘할 것이라고 믿고 기대하고 있는데, 그걸 보여주지 못할 때다. 그게 바로 너다."라고 하셨다. 무슨 말씀인지 잘 모르겠다고 하였더니 선생님께서는 "네가 반 1등을 하고 있고 충분히 전교 1등도 할 수 있는데 못하고 있어서 그렇다"고 하시면서 "네가 집이 멀고 전기도 들어오지 않을 뿐만 아니라 가정 형편이 좋지 않아 참고서도 사볼 수 없어서 그런다고 생각한다." 그런 후 책상 서랍에서 문제집을 하나 꺼내 주시면서 "7월에 일제 모의고사가 있는데 이 문제집으로 공부한 후 전교 1등을 하는 모습을 보여주면 좋겠구나. 그렇게 할 수 있겠니?" 하시는 것이었다. 그래서 나는 선생님의 성의가 고맙기도 하고 전과나 수련장을 한 번도 본 적도 없이 반 1등을 했으니 그 문제집으로 공부하면 당연히 더 잘 나오리라 생각을 하고 "그렇게 하겠습니다" 하였다. 결과는 전교 1등을 하였고 선생님께서 얼마나 좋아하셨는지 모른다.

그 선생님은 학생들 개개인의 신상과 미래에 대해서도 세심한 관심과 배려를 아끼지 않으셨다. 늦가을 어느 날 반 친구들 간에 싸움이 벌어져 내가 반장이다 보니 말리게 되었고 그 과정에서 한 친구가 휘두르는 연필에 오른쪽 손목에 가까운 손등이 찍혔다. 연필의 흑연 독 때문에 손이 크게 부어 2~3일 결석을 하게 되었다. 당시 전기도 안 들어온 그 산골 마을에는 전화가 없었는데 그 선생님은 걱정이 되셨는지 학생 두 명을 학교로부터 5km나 떨어진 우리 집으로 보내 나를 학교로 데려오게 했다. 그분은 나를 치료하기 위해 읍내 병원으로 데려갈 생각이셨던 것이다. 어머님께서 허락하셔서 친구들과 함께 동구 밖을 막 벗어나고 있는데 어머님이 급히 쫓아오셔서 가는 것을 막으셨다. 이 정도는 시간이 좀 지나면 나을 텐데 선생님께 폐를 끼치면 안 된다는 것이었다. 그리고 그 선생님은 우리 집 형편이 매우 좋지 않았기 때문에 중학교에 내가 진학을 못할까 봐 걱정이 많으셨다. 그래서 방학 때마다 나한테 먼저 편지를 쓰셨다. '아무리 형편이 어려워도 꼭 중학교를 가야 한다. 잘 돼서 고등학교까지 나오면 좋겠다.'라는 식의 내용이었다. 당시만 해도 초등학교를 졸업한 후 중학교에 진학하지 못하고 큰 도회지의 사환으로 가는 경우도 있고 집에서 농사일을 돕는 경우도 있었다. 나 역시 반장임에도 불구하고 수학여행을 못 갈 정도였으니 중학교 진학이 어렵게 보였을 것이다. 나아가 그 당시는 워낙 형편이 좋지 않다 보니 대학교는 상상하기도 어려웠다고 볼 수 있다. 그분이 내가 대학을 나오고 박사학위도 두 개나 받았다는 사실을 아시면 얼마나 놀라고 기뻐하실까.

2. 만난(萬難)을 이겨낸 위대한 인물의 표상

역사상 인물 중 나에게 가장 큰 영향을 미쳤던 두 사람을 꼽으라고 한다면 나는 한순간도 망설이지 않고 이순신(李舜臣, 1545~1598)과 제갈량(諸葛亮, 181~234)을 들겠다. 이 두 사람은 매우 어렵고 불리한 상황 속에서도 철저히 사전에 준비하고 군인들과 백성들의 힘을 모아내어 온갖 전략과 전술을 동원하고 리더십을 발휘함으로써 군사적 목표를 달성해 나갔다. 그들 모두 결국 전장에서 목숨을 던져서까지 자신의 의무를 다하고자 하였던 것이다. 이순신과 제갈량, 이 두 사람이야말로 내가 어려운 환경을 이겨내고 목표하는 바를 이뤄내게 한 원동력이었다. 제갈량과 이순신이 나의 대학 전공(역사학) 선택에 영향을 미쳤다고 한다면 사마천(司馬遷, BC 145~85)은 역사학도로서 어떤 삶을 추구해야 하는지에 대해 실천적으로 보여준 인물이다. 그 역시 자신이 목표하는 바를 이루기 위해 형언할 수 없는 치욕과 고통도 감수하며 강한 의지를 가지고 끝까지 해냈다는 것에서 우리를 숙연하게 만든다.

산골 마을에서도 가장 가난한 집에서 나고 자랐기 때문에 어린이가 읽을 만한 책이 없었는데, 초등학교 3학년 겨울방학 때 집에 있던 어른용 삼국지 5권짜리를 읽게 되었다. 그리고 6학년 때, 중학교, 고등학교, 군 제대 후 대학교 시절 각각 1회씩 읽었고 대학 졸업 후에 작년까지 4회를 읽었으니 도합 아홉 번을 읽은 셈이다. 대학 시절부터는 모두 이문열 삼국지 10권짜리를 읽었다. 삼국지를 읽으면서 가장 흥미를 느꼈던 것은 수많은 전략가들이었고 그중에서 단연 제갈량이 나를 사로잡았다. 이순신은 초등학교 시절 학교 도서관에 비치된 위인전을 통해 처음 접했으며 중학교, 고등학교 시절에는 국사 과목 수업은 물론 TV 다큐멘터리 등을 통해 지속적으로 듣고 보게 되었다. 나중에는 이순신을 소재로 한 소설이나 TV 드라마를 통해 좀 더 세세하게 알게 되었고 이순신 관련 다양한 서적들을 구입해 읽었다. 이순신이 직접 쓴 『난중일기(亂中日記)』의 완역본도 구입해서 읽었다.

이순신은 오늘날 세종대왕과 함께 우리나라 역사상 최고의 위인으로 평가받는 인물로 수도 서울의 광화문 광장에 세워져 있는 대형 동상의 주인공이기도 하다. 그러나 세계 역사상 이름을 떨친 넬슨 같은 명장들은 모두 국가 차원의 많은 지원을 받고 전쟁에서 승리했지만, 이순신은 조정(중앙정부)의 지원을 받지 못한 채 전쟁을 치러야 했다. 오히려 조정과 명나라 육군에게 식량, 무기, 종이, 부채 등 각종 물자를 상납해야 했으며 피난민들의 안위까지 돌보면서 힘겹게 전투를 수행해야 했다. 육군이 이순신이 어렵게 마련한 수군용 식량을 징발하고 수군 병력을 빼내어 육군으로 편입시키는 상황에 직면하기도 했다. 조정은 물론 의심과 시기 질투가 강했던 왕에게 버림받았고 원균의 모함으로 파직되어 고문을 당하고 옥살이를 했으며, 어렵게 키워놓은 수군이 원균(元均, 1540~1597)의 칠천량 해전 참패로 궤멸되었다. 나아가 전쟁 중에 어머니와 막내아들을 잇달아 잃는 등의 감당하기 어려울 정도로 절망적이고도 비참한 고난과 역경이 끊임없이 이어졌다.

이렇게 어렵고 불리한 여건 속에서도 이순신은 철저한 사전 준비와 치밀한 지략과 용맹함을 발휘하여 23전 23승이라는 신화를 창출하였다. 특히 이순신은 남해의 제해권을 장악하여 일본의 해상 보급로를 차단함으로써 전세를 역전시켜 나라를 풍전등화에서 구해냈다. 임진왜란 초기 사천 해전에서는 적의 총탄에 왼쪽 어깨에 큰 부상을 당했으나 전투가 끝날 때까지 태연하게 전투를 지휘하여 적의 함대를 전멸시켰다. 명량에서는 지형을 잘 이용하고 전략전술을 잘 써서 12척의 함대로 일본 함대를 대파하였다. 임진왜란 마지막 전투인 노량 해전에서 명나라 수군도독 진린(陳璘, 1543~1607)과 함께 조선에서 철수하는 일본군 대함대를 맞이하여 최후의 일전을 펼쳤다. 이 해전에서 이순신은 승리하였으나 전투 중에 적의 총탄에 맞아 장렬한 최후를 맞았다.

이순신은 1545년 4월 28일, 당시 한성부 건천동(현 인현동)에서 이정(李貞)과 초계(草溪) 변(卞)씨에게서 셋째 아들로 태어났다. 대대로 문관 출신의 집안이었지만 할아버지 이백록(李百祿)은 기묘사화 후 낙향하였고, 아버지도 그 영향으로 벼슬을 하지 않았다. 이순신이 8세 무렵에 어머니 고향인 충남 아산으로 거처를 옮긴 후 그곳에서 성장했다. 이순신은 20대에 말타기와 활쏘기 등 무예를 익히고 28세에 무과에 응시했지만, 시험 도중 낙마해 다리를 다치며 낙방하고 말았다. 4년 뒤 1576년에 이순신은 무과에 합격한 뒤 함경도 동구비보(童仇非堡)의 권관으로 근무하였다.

이순신은 1579년에 한양에서 훈련원봉사가 되었고 이후 충청병사 군관을 거쳐 1580년에 발포수군만호로 잠시 수군을 경험하였는데, 이전에 이순신에게 청탁했다가 거절당해 앙심을 품은 서익의 거짓 보고로 파면되었다. 이후 아버지의 죽음으로 3년상을 치렀다. 1586년에는 함경도 조산보병마만호와 녹둔도둔전관을 겸하게 되었는데, 여진족들이 자주 침입하자 이순신은 함경도 병사 이일(李鎰)에게 증병을 요청했으나 들어 주지 않았다. 그러던 중 여진족이 습격하여 적은 병력으로 용감히 싸워 승리했으나 이일은 오히려 이순신을 무고했다. 이순신은 경흥부사 이경록(李慶祿)과 함께 하옥되었다가 백의종군(白衣從軍) 명을 받고 풀려났다. 1589년에는 평소 이순신의 자질과 능력을 알고 있던 유성룡(柳成龍)의 천거로 정읍현감이 되었다. 그 후 1591년에 다시 유성룡이 천거하여 전라좌도수군절도사로 임명되었다. 종6품 현감에서 정3품 당상관인 좌수사로 발탁되었으니 7등급이나 승진한 것이다.

이순신이 임진왜란이 발발하기 1년 2개월 전에 전라좌수사로 부임했을 때 함선의 상태는 물론 군사들의 군기 상태는 전투를 수행할 수 있는 수준이 전혀 아니었다. 또한 이순신은 대부분 육군으로 근무하거나 행정 업무를 하였기 때문에 해군 경험이 일천하여 바다에서의 전쟁에 대비하고 전투를 이끌기에는 역부족이라고 할 수 있었다. 바다 건너 일본은 1백여 년간의 전국시대를 토요토미 히데요시(豊臣秀吉, 1536~1598)가 평정하여 일본열도를 통일하고 호시탐탐 한반도와 대륙 침략의 기회를 엿보고 있었다. 장기간의 전쟁을 통해 육전과 수전에서의 전투능력이 쌓인 일본이 조선을 침략한다면 그야말로 속수무책으로 당할 수밖에 없는 상황이었다. 이렇게 되면 나라가 위태로워지는 것은 물론 수군도 패배하고 이순신 자신도 죽을 수 있는 엄중한 현실이었던 것이다. 그래서 난중일기를 보면 걱정을 많이 하고 어떻게 대응해야 할지 고민이 되어서 잠을 자다가 새벽에 식은땀을 흘리며 깨기가 일쑤였다.

이렇게 어려운 상황 속에서 이순신은 거북선 및 판옥선 등 함선 제조와 군사훈련을 통해 다가오는 전쟁에 철저히 대비하였고, 매 전투마다 치밀한 전략과 전투계획을 세워 늘 진두지휘함으로써 반드시 승리를 일궈내었다. 이순신은 남해안의 어로 활동은 물론 여러 섬에 둔전(屯田)을 만들어 군량과 군비를 충당하였다. 당시에 기피 대상이었던 수군의 병력 유지를 위해 인근 각지에서 장졸들을 모았고 1만 명 이상의 병력을 조정의 지원 없이 거느릴 수 있었다. 이순신은 병사들의 치료를 위해 의원을 보내달라고 요청한 것과 화포를 만들 철이 부족하여 조달해 줄 수 있는지에 대해서 장계를 올린 것 정도밖에 조정에 요청한 것이 없었다. 원균이 조정으로부터 5천 명의 병력을 지원받고도 칠천량 해전에서 대패한 것과 비교된다.

전쟁 이전, 이순신은 이이(李珥, 1536~1584) 등 고위 관료들의 청탁을 위한 만남을 수차례 거절하였고 축재도 하지 않았다. 현감 재임 시에는 백성들에게 선정을 베푸는 등 지휘관이요 목민관으로서 매우 모범적인 관리상을 보여주었다. 이순신은 장군이자 목민관으로서 공명정대했는데, 일개 병졸부터 승려와 노비까지 그들의 이름과 이룩한 공을 빠짐없이 세세히 적어 장계를 올려 포상을 받게 했다. 때때로 자신의 공적을 부하들에게 돌려주는 경우도 많았다. 그러나 자기 휘하 군인들이 훈련을 게을리하거나 군법을 어기는 경우에는 매우 엄히 다스렸다. 만약 임진왜란 당시 이순신 같은 인물이 없었다면 조선은 일본의 수륙 협공에 전 국토가 유린되었을 것이고 조선의 운명은 어찌 되었을지 모른다. 그러한 이순신의 전사 소식이 알려지자 많은 이가 남녀노소를 불문하고 크게 슬퍼했다. 사후에 조선 조정은 영의정 관직을 추증했고 충무공(忠武公) 시호를 내렸다. 뭇 선비들은 그를 찬양하는 시(詩)를 지었으며 백성들은 추모비를 세우는 등 사후에도 이순신은 두루두루 추앙을 받아왔다.

제갈량은 중국 후한(後漢) 말에 산동반도 쪽에 있는 낭야군의 하급 지방관이던 제갈규(諸葛珪)의 둘째 아들로 태어났다. 그는 어려서 양친을 잃어 예장(豫章) 태수인 숙부 제갈현(諸葛玄) 아래에서 자랐다. 제갈현이 옛 친구인 형주 자사 유표(劉表)에게 의탁할 때 그도 함께 따라갔다. 197년 제갈현이 죽자, 제갈량은 형주 양양 근처의 융중산(隆中山)에 초가집을 짓고 농사와 독서를 하며 살았다. 제갈량은 27세 때 형주 최대 명문가인 채(蔡) 씨 가문의 친척인 황승언(黃承彦)의 딸 황아추를 아내로 맞이했다. 황아추는 재능은 뛰어났지만 못생기기로 유명했다. 제갈량은 황승언의 사위가 된 후 형주의 세력가와 명사들의 관심을 받게 되고 평판도 높아졌다. 그가 사귀고 학문을 교류했던 명사들로는 석도(石韜), 서서(徐庶), 맹건(孟建) 등이 있었다. 형주에서 '와룡'(臥龍)이라고 불리었듯이 그는 이 시절 유유자적하게 지내는 것으로 보였으나 실상은 명성을 쌓고 시대의 변화를 파악하며 때를 기다리고 있었던 것이다.

조조(曹操, 155~220)에게 패해 형주의 유표에게 의탁하고 있던 유비(劉備, 161~223)는 한나라 부흥을 위해 세력을 모으고 있었다.

207년에 서서의 추천에 따라 유비는 제갈량을 직접 찾아 나섰다. 유비는 제갈량의 초가를 두 번이나 방문했지만 만나지 못하고 세 번째에서야 만날 수 있었다. 이것이 그 유명한 '삼고초려'(三顧草廬)이다. 여기서 제갈량은 유비에게 정세 변화에 대처할 전략을 제시하였다. 이것이 바로 일명 '천하삼분지계'(天下三分之計)다. 먼저 형주와 서쪽의 익주를 취해 근거지를 탄탄히한 후 동쪽으로 손권(孫權, 182~252)과 연합하여 북쪽의 조조에 대항한다는 것이다. 유비는 이를 기꺼이 받아들였고 제갈량 역시 그를 성심으로 보좌할 것을 약속하였다.

208년 원소를 정벌한 조조는 형주와 동오(東吳)를 취하고자 남하했다. 이때 형주 자사 유표가 죽고, 아들 유종이 조조의 대군이 두려워 곧바로 항복해 버렸다. 유비가 오나라에 파견한 제갈량은 손권과 유비가 연합하여 조조의 대군을 물리쳐야만 서로가 살 수 있다는 논리로 손권을 설득했다. 유비의 군사와 합류한 주유(周瑜, 175~210)는 조조의 수군을 208년 말 적벽(赤壁)에서 화공으로 크게 격퇴시켰다. 적벽대전의 승리로 유비는 형주를 취해 근거지를 마련하게 되었고, 이로써 유비는 제갈량이 제시한 삼국정립의 기틀을 갖출 수 있게 되었다.

214년 익주를 차지한 후 유비는 221년 촉한(蜀漢)을 건국하고 제갈량을 승상으로 임명했다. 2년 후 유비는 오(吳)나라와의 전투에서 패한 후 병이 깊어져 숨을 거두었다. 유비 사후 제갈량은 유비의 아들 유선(劉禪, 207~271)에게 충성을 다할 것을 다짐하고, 당시 촉한의 불안정한 대내외적 상황을 수습하는 데 전력을 기울였다. 내적으로는 백성들이 생업에 집중할 수 있도록 했으며 인재를 등용하고 군대를 정비하였다. 또한 법 집행을 공정하게 하여 백성들의 원성을 사지 않도록 하였다. 한편, 대외적으로는 형주 소유권 문제로 틀어진 오나라와의 동맹 관계를 회복시켜 대국인 위(魏)나라를 경계했으며, 남쪽 지역의 이민족을 평정하여 후방을 안정시켰다. 이 과정에서 맹획(孟獲)을 일곱 번 생포했으나 일곱 번 풀어주고 화친을 맺었다는 일화가 전한다. 이것이 바로 '칠종칠금(七縱七擒)'의 고사이다. 제갈량은 이 남정으로 위나라 정벌에 따른 배후 불안 요소를 제거하였으며 여기에서의 승리는 저하되어 있던 군대의 사기도 진작시켰다.

227년 제갈량은 위나라를 정벌하기 위해 유선에게 출사표(出師表)를 올렸다. 이는 천하 통일 계획을 실현하는 것이자 촉한을 지키는 방법이기도 했다. 제갈량의 1차 북벌은 228년 봄에 이루어졌는데, 제갈량이 먼저 기산을 점령하자 위나라의 남안(南案), 천수(天水), 안정(安定)은 곧 항복했다. 그러나 요충지 가정(街亭)에서 마속(馬謖)이 제갈량의 전략에 어긋나게 그릇된 군사작전을 펼쳐 촉한군은 위나라 군에게 대패했다. 제갈량은 패배의 책임을 물어 마속을 목 베고 스스로 벼슬을 낮추었다. 여기서 나온 고사가 '읍참마속'(泣斬馬謖, 울면서 마속의 목을 베다)이다. 228년 겨울, 군대를 재정비한 제갈량은 유선에게 다시 출사표를 올리고 2차 북벌에 나섰다. 그는 진창(陳昌)을 포위했지만, 위나라 장수 학소(郝昭)의 격렬한 저항으로 함락시키지 못하던 차 위나라의 지원군이 합류하고, 군량 보급로가 끊겨 결국 제갈량은 철수할 수밖에 없었다. 이후 제갈량은 229년 촉한과 국경을 맞대고 있는 무도와 음평을 공격했으나 역시 실패하였다.

231년 봄 제갈량은 북벌의 실패 원인을 물자 보급 부족으로 보고 농서 지방에서 보리를 재배하여 군량을 확보했다. 그러나 위나라가 선쟁을 장기전으로 이끌자 결국 제갈량은 한중(漢中)으로 퇴각할 수밖에 없었다. 이로써 네 차례에 걸친 북벌은 모두 실패하고 말았다. 제갈량은 3년간 국력을 키워 30만 대군을 양성했고, 234년 봄에 5차 북벌에 나섰다. 제갈량은 30만 대군으로 오장원(五丈原)에 진을 치고 위나라와 대치했다. 그러나 제갈량은 위나라와 대치하여 진을 친 지 100여 일도 지나지 않아 병에 걸리고 말았다. 234년 8월 제갈량은 오장원 군영에서 54세의 나이로 병사했다. 이후 촉한은 더 이상 북벌을 시도하지 못했고 결국 위나라에 멸망당했다.

제갈량의 뛰어난 재능과 집요한 노력에도 그의 북벌이 성공하지 못한 것은 촉한과 위나라의 현격한 국력 차이, 촉한의 인재 부족 등이 작용했다. 여기에 하나를 덧붙이자면 제갈량의 전략적 판단과 지휘 능력에 문제가 있었다고도 볼 수 있다. 국력이 부족한 상황에서는 기습전이나 게릴라전을 써야 하는데, 정공법에 기반한 정규전 형태를 고집했던 것에서 또 다른 실패 원인을 찾아볼 수도 있을 것 같다. 또한 전략적인 큰 그림(전쟁)보다는 전술적인 작은 그림(전투)에 치중했던 것이 궁극적인 승리로 귀결되기 어려웠다고도 볼 수 있다. 무엇보다도 정치와 행정 그리고 군사 이 모든 것의 세세한 부분까지 살피는 꼼꼼한 성격이 전쟁에서의 실패는 물론 과로로 인한 병사로도 이어졌을 것으로도 생각된다. 소설 『삼국지연의(三國志演義)』에서 신출귀몰한 군사전략가로 그려져서 그렇지 사실 제갈량은 탁월한 행정가 또는 정치가였다. 변방에 촉한을 건국하여 수십 년간 유지할 수 있었던 것은 제갈량이 있었기에 가능한 일이었다. 따라서 군사적 목적을 달성하지 못한 것을 가지고 그의 역량과 업적을 폄훼하는 것은 온당치 못하다. 사실상 약한 군대를 가지고 대국을 정벌한다는 것은 거의 불가능한 일이다. 그럼에도 불구하고 정벌을 시도한 것은 촉한의 존재를 대외적으로 알리고 국력을 신장시켜 궁극적으로 촉한을 유지하기 위해서였다고 봐야 할 것이다. 위나라의 국경 안으로 쳐들어가 전쟁을 벌여 패했지만, 이는 위나라 군대가 쳐들어오지 못 하게 하는 전략으로도 볼 수 있는 것이다.

사마천은 중국 전한(前漢) 시대 섬서성(陝西省) 하양현(夏陽縣)에서 태어났고, 자는 자장(子長)이다. 아버지 사마담(司馬談)은 무제(武帝, BC 156~87) 치세 초기에 천문과 달력을 관장하는 부서의 장인 태사령(太史令)으로 재직했다. 그는 아들의 총명함을 느껴 어려서부터 고대 문헌들을 읽게 했다. 기원전 135년 사마천은 아버지를 따라 수도 장안(長安)으로 온 이후 체계적으로 고대 문헌들을 읽게 되었다. 기원전 126년 아버지의 조언에 따라 사마천은 공부하는 것을 일시 중단하고 각지를 유람하며 백성들의 삶, 지리, 풍토 등 다양한 사회와 문화를 익히고 역사 자료들을 수집하여 과거의 사건들을 연구하기 시작하였다.

사마천은 기원전 118년 장안(長安)으로 돌아온 후 낭중(郎中)으로 벼슬살이를 시작했으며, 기원전 112년에는 무제를 모시고 강남, 산동, 하남 등의 지방을 시찰했다. 그 이듬해에는 무제의 명을 받아 파촉(巴蜀) 이남 지역을 둘러보았다. 이러한 다양한 현장 체험은 그가 쓴 『사기(史記)』의 생생한 표현이 가능하게 하였다. 30여 년을 사관으로 재직했던 사마담은 『사기』 집필을 기획했었는데 기원전 110년에 병사했다. 그는 죽기 전 사마천에게 자신의 과업을 완성해

달라고 신신당부하였다. 기원전 108년 사마천은 아버지 사마담의 뒤를 이어 태사령직을 맡았고, 부친의 유언을 받들어 『사기』 집필의 기초 작업에 착수했다. 그는 기원전 103년부터 『사기』 집필을 본격적으로 시작했다. 이러한 『사기』 집필은 그가 이릉(李陵) 사건에 연루되기 전까지는 순조롭게 진행되어 왔다.

기원전 100년 무제는 이릉에게 군사 5천 명을 내주고 애첩의 오빠인 이광리(李廣利)를 도와 흉노족을 토벌하도록 하였다. 무제는 여러 번의 참전에도 전공이 없는 이광리의 체면을 세워주고 싶었던 것이다. 그러나 이광리는 대패했고, 이릉은 흉노족 8만 명을 상대로 용감히 싸웠으나 중과부적으로 결국 투항하고 말았다. 기원전 99년 무제는 조정 대신들과 이릉에 대한 처분을 논의했는데 무제의 심기를 건드리지 않으려고 대신들은 침묵으로 일관했다. 그러나 태사령 사마천만이 고향 친구인 이릉을 비호했다. '이릉은 흉노족 토벌에서 패전했다고만 보기 어렵습니다. 5천의 군사로 8만의 적군을 상대했는데 화살과 군량미가 제때 공급되지 않았음에도 분투했습니다. 투항한 것은 살아남은 부하들의 목숨을 살리고 훗날 기회를 얻어 흉노를 멸하고자 한 것입니다.'

그러나 이러한 진언은 무제의 분노를 사서 사마천은 파면된 것은 물론 감옥에 갇혔다. 나아가 흉노족에 투항한 이릉이 벼슬까지 받았다는 소문이 돌자, 사형 언도까지 받았다. 당시 사형을 언도받은 자는 세 가지 중 하나를 선택할 수 있었는데, 첫째는 허리가 잘려 죽는 것(요참형, 腰斬刑), 둘째는 50만 전의 벌금을 내고 사면되는 것, 마지막으로 거세를 하여(궁형, 宮刑) 살아남는 것이었다. 기원전 97년 돈도 없고 대신 돈을 내 줄 사람도 없던 사마천은 『사기』 집필을 위해 치욕을 감수하고 궁형을 선택했다. 그러나 궁형은 한동안 사마천의 육체와 정신을 피폐하게 만들어 불구의 몸을 자책하고 울분에 휩싸여 마치 미친 사람처럼 살았다. 그럼에도 불구하고 사마천은 곧 자신이 왜 궁형을 선택했는지를 상기하면서 고통 속에서 집념 어린 『사기』 집필을 다시 시작했다.

기원전 96년 사마천은 사면령을 받았고 궁형으로 인해 이미 환관이나 다를 바 없던 그에게 중서령(中書令)직이 내려졌다. 그것으로 인해 이제 사마천은 궁궐 내부를 마음대로 출입하며 문헌을 접하고 연구할 수 있었다. 나아가 중서령으로서 무제를 수행하여 각지를 순시하면서 『사기』 집필에 필요한 자료들을 모을 수 있었다. 『사기』라는 명칭은 한나라 후기에 붙여진 것으로, 당시에는 『태사공서(太史公書)』라고 불렸다.

사마천의 『사기』는 중국 역사상 최초 최고의 기전체(紀傳體) 통사로 모두 다섯 파트로 나뉘며, 2천여 년 간의 장구한 중국 역사를 담고 있다. 『사기』는 시대와 지역을 망라하여 방대한 역사가 기술되어 있고 다양한 문화에 대해서도 세밀히 기록되어 있어 중국의 고대 역사와 문화 연구의 중요한 사료로도 높이 평가되고 있다. 사마천은 기존의 무미건조한 연대순 나열의 서술이 아닌 인물 중심의 역사적 사건들을 기술하는 방식인 기전체역사 서술 방식을 탄생시킨 것이다. 이로써 『사기』는 최초의 인물 전기라는 평가를 받았으며 후대의 산문 문학 발달에도 큰 영향을 미쳤다. 더불어 사마천은 『사기』에 자신의 역사와 인물을 바라보는 가치관과 철학을 자신의 의견 피력을 통해 드러냈으며 심지어 의도적으로 이상적인 치국의 방법을 제시하기도 하였다.

3. 엄동설한 신새벽에 더욱 빛나는 별

왕에 의한 인치(人治)가 이루어지던 왕조시대에 국내 정세나 국제 질서의 변화에 대한 정보도 얻기 어려운 상황에서 아무런 힘도 없는 일반 백성으로서 국가와 국민을 위해 어떤 판단과 행동을 한다는 것은 대단히 어려운 일이다. 특히 19세기 말 20세기 초의 조선 시대처럼 서구 제국주의 세력이 몰려오고 일찍이 서구적 근대화를 달성한 일본이 국권을 침탈해 가는 상황에서는 더욱 그렇다. 이런 상황에서의 섣부른 행동은 결국 목숨을 내놓게 만든다는 위험도 도사리고 있었다. 그러나 아무리 밤이 깊고 추위가 매섭더라도 결국 새벽이 온다. 엄혹한 역사에서도 그러한 새벽의 역할을 하는 존재는 어디에서나 등장한다. 조선말에 등장한 그러한 존재가 바로 안중근(安重根, 1879~1910)이다. 안중근은 제국주의 일본에 의해 조선의 국권이 침탈되어 가는 형국을 정확히 짚어내고 그 핵심 인물을 저격함으로써 일본에 경고하고 세계에 그 부당함과 불법을 알렸다. 체포되어서도 그 기개와 의연함을 잃지 않았으며 감옥에 있는 동안에는 『동양평화론(東洋平和論)』을 저술하여 바람직한 동아시아 국제관계가 어떠해야 하는지에 대한 방향을 제시하고자 하였다. 그렇게 훌륭한 인물 뒤에는 언제나 훌륭한 어머니가 있었으니, 안중근에게는 그러한 어머니 조마리아(趙姓女, 1862~1927)가 있었다.

안중근은 황해도 해주에서 태어났는데, 가슴과 배에 7개의 점이 있어 북두칠성의 기운에 응하여 태어났다는 뜻으로 응칠(應七)이라고 불렸다. 어려서 한학을 배웠으나 오히려 무술에 더 열중하였다. 1895년 아버지를 따라 카톨릭에 입교하여 신식 학문을 접하고 카톨릭 신부에게 프랑스어를 배웠으며, 도마(Thomas, 多默)라는 세례명을 받았다.

1904년 홀로 평양에 나와 석탄상을 경영하고 이듬해 을사조약이 체결되는 것을 보자 상점을 팔아 1906년 그 돈으로 삼흥학교(三興學校, 후에 五學校로 개칭)를 세우고, 이어 남포의 돈의학교(敦義學校)를 인수하여 인재양성에 힘썼다. 그러나 국운이 극도로 기울자, 평화적인 방법으로는 나라를 바로 세울 수 없다고 판단하여 1907년에 연해주(沿海州)로 가서 의병운동에 참여하였다. 이듬해 대한의군(大韓義軍) 참모중장(參謀中將) 겸 특파독립대장(特派獨立大將)의 자격으로 100여 명의 군사를 이끌고 두만강을 건너 국내로 침투, 일본군과 전투를 벌였으나 중과부적으로 패퇴하였다. 이후 노에프스키에서 망명 투사들이 발행하는 대동공보(大同公報)의 탐방원으로 활약하는 한편 동료들에게 애국사상을 고취하는 데 진력하였다.

1909년에 안중근은 동지 11명과 죽음으로써 구국투쟁을 벌일 것을 무명지를 끊어 맹세하고 단지회를 결성하였다. 그해 10월 침략의 원흉인 이토 히로부미(伊藤博文, 1841~1909)가 러시아 재무상 코코체프와 회담하기 위하여 만주 하얼빈에 온다는 소식을 듣고 그를 처단하기로 결심하였다. 동지 우덕순(禹德淳), 조도선(曺道先), 러시아어 통역인 유동하(劉東河)와 함께 행동에 나서 안중근은 하얼빈에서 거사를 치르게 되었다.

1909년 10월 26일 일본인으로 가장, 하얼빈역에 잠입하여 역전에서 러시아군의 사열을 받는 이토를 사살하고, 하얼빈 총영사 가와카미 도시히코, 궁내대신 비서관 모리 타이지로, 만철이사(滿鐵理事) 다나카 세이타로에게 중상을 입혀 현장에서 러시아 경찰에게 체포되었다. 곧 일본 관헌에게 넘겨져 뤼순(旅順)의 일본 감옥에 수감되었고 이듬해 2월 14일 재판에서 사형이 선고되었으며, 3월 26일 사형이 집행되었다. 옥중에서 『동양평화론』을 집필하였으며, 서예에도 뛰어나 휘호한 많은 유묵(遺墨)들이 보물로 지정되었다. 1962년 건국훈장 대한민국장이 추서되었고, 1970년에 기념관이 건립되었다.

우리 민족의 독립을 향한 안중근의 기개와 헌신은 우리 모두의 감동을 자아내기에 충분하다. 그래서 이러한 안중근과 관련한 영화나 뮤지컬이 많이 만들어져 상연되어 왔다. 나도 안중근의 이러한 면모에 감동을 받아 십수 년 전 어떤 극단에서 연극을 배울 당시에 모놀로그 주제를 안중근으로 정했다. 사람이 죽음 앞에 서면 더욱 진솔해지고 그 진면목을 보여주게 된다고 했던가? 안중근이 이토 히로부미를 하얼빈에서 사살한 후 뤼순 감옥에 수감되어 재판을 받고 사형선고 전 재판정에서 한 최후의 진술 등을 제대로 알아보고 싶어졌다. 그래서 인터넷을 검색하여 안중근에 대한 여러 가지 자료를 다운받고 교보문고에 가서 안중근 관련 5권의 책을 구입하여 읽었다. 그런데 안중근의 선고공판에서의 최후 진술이 일부 남아 있었지만 그렇게 많지도 않았고 사형장에서의 최후 진술은 아예 남아 있지도 않았다. 남아 있는 진술도 평소 그가 생각했던 것을 다 표현하지 못하고 있는 듯싶었다. 아마도 일본 법정이라 의도적 기록 누락이 있었을 수도 있고 재판관이 진술 기회를 충분히 주지 않았을 수도 있다. 그래서 이미 나와 있는 사형선고 전 최후진술, 뤼순에서 재판받는 내용을 주로 다룬 희곡(『그 시월의 전설』), 안중근 관련 여러 책들을 종합적으로 참조하여 안중근의 사상과 철학이 담긴 진술로 각색하여 사형장에서의 '안중근 최후의 진술' 모놀로그안을 준비하였다.

안중근 재판 관련 사항을 좀 더 살펴보면, 안중근은 뤼순 감옥에서 일본 형법에 따라 다섯 차례의 재판 후 1910년 2월 14일 최후진술을 끝으로 선고공판에서 사형이 언도된다. 안중근은 오로지 일본인 판사, 검사, 변호인으로 구성된 법정에서 재판을 받았는데, 그는 줄기차게 전쟁에서 져 잡힌 포로이기 때문에 일본 형법이 아닌 국제법에 의해 재판을 받아야 한다고 주장한다. 안중근은 모범적인 수감생활과 굽히지 않는 신념과 소신으로 오히려 간수나 교도소장의 존경을 받게 되며, 옥중에서 자서전과 미완성의 『동양평화론』을 저술한다. 결국 안중근은 사형을 언도받고 1910년 3월 26일 오전 10시에 뤼순 감옥에서 형이 집행되어 파란만장한 생을 마감한다. 아래는 십수 년 전 어느 극단 소극장에서 사형장에서의 '안중근 최후의 진술' 모놀로그를 했던 장면과 대사 내용이다. 모놀로그 대사 내용은 이토 히로부미 처단의 당위성 강조, 일본에 대한 경고, 조선 독립과 동양 평화를 위한 염원 및 이천만 동포에 대한 당부 등을 담고 있다. 전반적으로 조선의 독립을 회복하지 못하고 동양 평화도 지켜내지 못하고서 생을 마감해야 하는 안타까움과 조선을 포함한 동양의 미래에 대한 당부의 마음을 표현한다.

불이 켜지며 안중근이 총을 들고 하얼빈 역전에 서 있다.

안중근 (총을 겨누며) "탕!" "탕!" "탕!" (음향 제공)

총소리가 난 후 바로 불이 꺼진다.

몇 초 후 다시 불이 켜진다. 묶은 양손을 뒤로 하고 검은 천으로 눈을 가린 안중근이 정면을 향해 서 있다. 뤼순 감옥 사형장에서 안중근의 최후 진술이 진행된다.

안중근
나는 개인 자격으로 이토 히로부미에게 총을 쏜 것이 아니라
대한독립군 참모중장의 자격으로 조선의 국권을 침탈한
원흉을 처단한 것이다.

그 이토가 누군지 아느냐?
그는 동학농민전쟁과 청일전쟁을 빌미로
조선의 무고한 백성들을 무참히 학살하였다.
러일전쟁에서 승리한 후에는 조선 왕궁을 점령하여
왕과 대신들을 겁박해 외교권을 빼앗고,
스스로 통감이 되어 조선 땅을 맘껏 유린하였다.
이 철천지원수를 죽이고 싶지 않은 조선인이

그 누가 있겠는가?

일본인 당신들은 지금 역사의 단추를 잘못 꿰고 있다.
돌아가라! 당신들의 땅으로 속히 돌아가라!

힘 있는 당신들이 지금 나를 처형해도
내 다음엔 또 나와 같은 수천, 수만의 젊은이들이
있다는 것을 명심하라!
나는 단지 시작에 불과하다.
내가 한 점의 이슬로 사라진다 해도
조선의 독립과 동양 평화를 위한 전쟁은 계속될 것이다.

이천만 동포들이여!
내가 조선의 독립을 되찾고 동양의 평화를 지키기 위해
3년 동안 해외에서 풍찬노숙하며 모진 고생을 하다가
끝내 목적을 이루지 못하고 이곳에서 원통하게 죽노니,
조선의 자유와 독립을 쟁취하는 그날까지
더욱 분발하여 떨쳐 일어서라.

나를 하얼빈공원 한 모퉁이에 묻어 준다면,
그래서 광복의 그날이 오면, 햇살 가득할 그날이 오면
나는 벌떡 일어나 얼씨구 춤을 추며 만세를 부를 것이다.

마지막으로 동양 평화를 위하여 기도하고 싶다.

내가 죽은 뒤라도 조선과 일본 양국은
동양 평화를 위하여 서로 협력하길 간절히 바란다.

무대 위에서 목을 맬 밧줄이 내려온다. 불이 꺼진다.

안중근의 어머니 조마리아는 1862년 황해도 해주에서 태어났는데 본명은 조성녀(趙姓女)이다. 그녀는 같은 마을에 사는 안태훈(安泰勳)과 결혼하였는데 1897년 10월 프랑스인 니콜라 빌렘 신부로부터 세례를 받고 독실한 가톨릭 신자(세례명: 마리아)가 되었다. 그녀는 자식으로 안중근, 안성녀, 안정근, 안공근 총 3남 1녀를 두었다. 1905년 가을 안중근이 중국의 상황을 살피고자 상하이로 갔고, 그녀는 남은 가족과 함께 평양의 관문인 진남포로 이주하여 안중근의 귀국을 기다렸다. 그러나 얼마 후 남편이 지병으로 사망했다.

그녀는 남편의 생전에는 충실한 내조자로서의 삶을 살았지만, 사별한 후에는 애국 계몽사업에 뜻이 있는 안중근을 따라 개화운동이 활발했던 삼화항으로 이주하였다. 그녀는 안중근이 국채보상운동에 적극 호응하는 걸 보고 자신도 뜻을 함께하였다. 안중근이 이토 히로부미를 사살한 후 일제는 안중근의 어머니 조마리아와 동생 안정근, 안공근을 심문했다. 당시 그녀는 집요한 심문조사 과정에서 온갖 협박을 받았지만 굴하지 않았다.

조마리아는 1910년 2월 14일 뤼순 법원 공판에서 안중근에 대한 사형이 선고되었다는 소식을 듣고 안정근과 안공근을 뤼순으로 보내 안중근에게 항소하지 말라고 하였다. 다음은 조마리아가 아들 안중근에게 수의(壽衣)와 함께 보낸 편지 내용이다. '네가 만일 늙은 어미보다 먼저 죽는 것을 불효라 생각한다면 이 어미는 조소(비웃음) 거리가 될 것이다. 너의 죽음은 너 한 사람의 것이 아니라 조선인 전체의 공분을 짊어지고 있는 것이다. 네가 항소를 한다면 그것은 일제에 목숨을 구걸하는 짓이다. 네가 나라를 위해 이에 이른즉, 다른 마음 먹지 말고 죽으라. 옳은 일을 하고 받은 형이니 비겁하게 삶을 구하지 말고 대의에 죽는 것이 어미에 대한 효도이다. 아마 이 편지가 이 어미가 너에게 쓰는 마지막 편지가 될 것이다. 여기에 너의 수의를 지어 보내니 이 옷을 입고 가거라. 어미는 현세에서 너와 재회하기를 기대치 않으니. 다음 세상에는 반드시 선량한 천부의 아들이 되어 이 세상에 나오너라.'

당시 안중근은 『동양평화론』 집필을 끝낼 시간을 확보하기 위해 항소를 고민했으나 어머니의 편지를 받고 결국 2월 19일 포기했다. 당시 안중근의 결단에 놀란 고등법원장 히라이시(平石)는 일부러 수감돼 있는 그를 찾아와 상고를 권했다. 그러나 안중근은 '나는 처음부터 무죄요, 무죄인 나에게 감형을 운운하는 것은 치욕이오'라며 상고하지 않았다. 이에 대해 국내의 대한매일신보와 일본의 아사히 신문은 '시모시자(是母是子:그 어머니에 그 아들)'라는 글을 싣기도 하였다.

안중근이 뤼순 감옥에서 교수형에 처해진 후, 조마리아는 연해주로 망명하여 크라스키노에 잠시 머물렀다. 그녀는 여기에서 연해주 한인들의 지원을 받았다. 이후 블라디보스토크 북쪽 110km 떨어진 니콜리스크로 이주하여 잡화상을 운영하기도 했다. 그러나 일제의 안중근 가족에 대한 탄압이 지속되었고, 1911년 여름 안중근의 맏아들 안분도가 일제의 밀정에 의해 독살당했다. 그 후 연해주가 러시아 혁명으로 인해 혼란해지자 1919년 10월 상하이로 이주했다.

그녀는 상하이에서 안중근의 어머니라는 특별한 위상과 자신의 헌신으로 독립운동가들과 교포들의 존경을 받았으며, 김구의 어머니 곽낙원 여사와 함께 교포사회의 대모 역할을 했다. 조마리아는 1926년 7월 19일 안창호의 주도로 결성된 상해재류동포정부경제후원회에 참여하였고 상해 동포들 중 어려운 사람들을 대상으로 봉사 활동에도 힘썼다. 그녀는 1927년 7월 15일, 향년 65세의 나이에 위암으로 사망했다. 장례는 상하이 프랑스조계 천주교당에서 사회장으로 치렀고, 유해는 프랑스조계 만국공묘(萬國公墓)에 안장되었다. 그러나 나중에 도시 개발로 그녀의 무덤은 사라지고 말았다. 대한민국 정부는 2008년 조마리아에게 건국훈장 애족장을 추서했다.

4. 제국주의 시대의 희생과 불굴의 저항

19세기 말엽부터 20세기 전반의 제국주의 일본은 아시아 국가들을 식민지화하거나 침략하여 지배함으로써 고통을 안겨주었을 뿐만 아니라 국내적으로도 신격화된 천황제를 기반으로 국민의 인권과 민주적 권리를 억압하고 전쟁에 내모는 군국주의 체제를 지속하였다. 이러한 상황 속에서 아시아인들은 물론 일본인들도 희생과 고통을 강요받았고 여러 가지 형태로 이에 저항하였다. 우장춘(禹長春, 1898~1959)은 아버지의 매국적 행위로 인해 비극적 인생에 처했으나 일본에서 안락하게 살 수도 있는 환경을 마다하고 아버지의 나라에 돌아와 애국으로 그 빚을 갚으려 했다. 박열(朴烈, 1902~1974)은 일본 유학 중 독립운동 단체를 조직하고 민족해방과 일본 제국주의 타파를 위해 투쟁하였다. 가네코 후미코(金子文子, 1903~1926)는 박열과 동지적 연인 관계로서 민족을 초월한 연대를 이루어 일본 제국주의와 사회적 불평등에 저항하였다. 후세 다쓰지(布施辰治, 1880~1953)는 변호사로서 제국주의 일본에 맞서 박열과 가네코 후미코 등의 반체제 인사나 노동자, 사회적 약자들을 변호하며 정의와 평화를 위해 헌신하였다.

우장춘의 아버지는 을미사변(乙未事變)에 가담했다가 일본으로 망명한 조선인 우범선(禹範善)이며 어머니는 일본인 사카이 나카(酒井ナカ)다. 아버지가 1903년에 고영근에게 암살된 후 집안 형편이 어려워지자 6살 때는 보육원에 맡겨지기도 했다. 가정 형편이 나아져 어머니를 따라 히로시마로 이사한 후 중학교까지 마쳤다. 한국인도 일본인도 아닌 경계인의 삶을 살아야 했던 우장춘은 차별과 멸시를 견뎌내야 했다. 우장춘의 어머니는 민들레는 아무리 짓밟혀도 마침내 꽃을 피운다며 어떤 시련에도 굴하지 말고 스스로의 꽃을 피우라고 용기를 북돋아 주었다. 그 후 박영효의 주선으로 조선총독부에서 학비를 지원받아 1916년 도쿄제국대학 농과대학 실과에 진학하였다.

1918년, 와세다 대학에 다니던 조선인 유학생 김철수를 만나면서 조선의 상황과 자신의 처지에 대해 자각하게 되었다. 이 김철수를 통해 자신의 아버지가 역적이자 매국노라는 사실을 알게 되었고 그런 그에게 김철수는 조선의 성을 바꾸지 말고 조선 독립을 위해 살라고 당부까지 했다. 이후 두 사람은 우장춘이 작고할 때까지 오랫동안 우정을 유지하며 지냈다고 한다. 우장춘은 1924년에 일본인 와타나베 코하루(渡辺小春)와 결혼했다.

이후에도 경계인으로서 쉽지 않은 삶을 살면서도 우장춘은 남들보다 몇 배 노력한 끝에 38세에 드디어 박사학위를 받았다. 그리고 조선인이기에 16년간 하위직을 면하지 못하면서도 자신의 성을 지키며 쓴 종의 합성 논문으로 세계적 학자로서 그 능력을 인정받게 되었다. 그 후 농림성의 농사시험장을 떠나 민간 종묘회사로 이직하여 최고 대우를 받으며 안정적인 생활도 했다. 그러나 1945년 전쟁이 끝나고 이 회사도 퇴사하였고 이후 4년 반을 실업자로 지냈다.

그러던 중 아사자가 속출하고 있는 한국으로부터 식량난 해결에 도움을 달라는 요청이 들어왔다. 우장춘은 고민하다가 한국행을 결정하였다. 우장춘은 "그동안 어머니의 나라 일본을 위해 일본인 못지않게 일했는데 이제부터는 아버지의 나라 한국을 위해 최선을 다할 것이고 이 나라에 뼈를 묻겠다"며 한국에 온 심경을 밝혔다고 한다. 대한민국은 해방 후 농업 생산력이 미흡해 우량종자의 개발과 보급이 필요한 상황이라 우장춘과 같은 농학 인재가 절실히 필요했기 때문에 우장춘을 환대하였다. 이렇게 한국으로 와서 종자 개발에 몰두하였는데, 입국 후 두 달 만에 북한의 침략으로 한국전쟁이 발발하였다. 그럼에도 불구하고 그는 떠나지 않고 한국에 남아 열악한 환경 속에서 연구를 이어갔다. 그 결과 배추, 무, 감자, 귤 등 현재 우리가 익숙하게 접하는 농산물들을 개량했다. 그는 한국의 육종학과 농업의 발전에 기반을 다졌던 것이다.

우장춘은 어머니가 위독하다는 소식을 듣고 일본으로 가기 위해 여권을 발급받고자 하였으나 끝내 받지 못했다. 우장춘이 일본에 가면 돌아오지 않을까 봐 이승만 대통령의 한국 정부가 일부러 발급해 주지 않았다는 소문이 돌기도 했다. 결국 우장춘은 한국에서 어머니 시신 없는 빈소를 차리고 상복을 입고 장례식을 치를 수밖에 없었다. 그는 장례식 때 들어온 조의금으로 우물을 파고 '자유천'(慈乳泉, 어머니의 자애로운 젖이라는 의미의 샘)이라 명명하고 비석에 새긴 글씨도 친필로 썼다.

우장춘의 연구소에는 우장춘의 명성을 듣고 수많은 젊은이들이 몰려들었다. 보수와 근무조건이 열악했음에도 불구하고 그와 함께 일하고 싶었던 사람이 많았다. 그는 차별화된 전문성을 지닌 연구조직을 효과적으로 구성하고 연구 시스템의 세대 전승을 위해 노력하였다. 매일 이른 아침부터 늦은 저녁까지 일하면서 오직 후학 양성과 육종 연구에만 몰두한 우장춘은 연구소 책임자임에도 항상 작업복과 검정 고무신 차림으로 생활하여 '고무신 박사'라는 별명을 얻기도 했다.

우장춘은 국립의료원에서 십이지궤양 수술을 받은 후 병세가 악화되어 1959년 8월 10일 사망하였는데, 사망 며칠 전에 대한민국 문화포장을 수여받았다. 병상의 우장춘은 '조국이 드디어 나를 인정했구나! 그런데 조금 더 일찍 주었으면 좋았을 텐데'라며 회한의 눈물을 흘렸다고 한다. 장례는 사회장으로 치러졌는데 이것은 대한민국 정부수립 이래 최초로 거행된 사회장이었다. 우장춘은 자존심을 굽혀 성을 바꾸고 일본에서 지냈으면 개인 역량을 보다 더 발휘하며 학문적 성과도 크게 내고 안락한 생활을 영위했을 것이다 그럼에도 불구하고 그는 아버지의 원죄를 갚고 조국에 기여하고자 한국 땅에 와서 마지막 10여 년을 불사르다가 고국 땅에 묻힌 것이다. 소위 친일을 했던 선조들을 가진 후손들이 이러한 우장춘을 본받는다면 얼마나 좋을까.

박열은 1902년에 지금의 경상북도 문경시에서 몰락한 명문가에서 박영수(朴英洙)의 아들로 태어났다. 네 살 때 아버지가 세상을 떴고 어려서 서당에 다녔으나 지역에 신식 학교인 함창보통학교가 세워지자 그곳을 다녔다. 이후 경성으로 유학(遊學)을 가, 경성제2고등보통학교를 거쳐 경성제일고등보통학교 사범과에서 수학했다. 그러다가 3.1 운동이 발발하자 독립선언서 유인물을 돌리는 활동 등을 했는데 이로 인해 퇴학을 당하였다. 그 뒤 조선을 떠나 일본으로 건너가 세이소쿠가쿠엔 고등학교에서 고학했다. 그는 학업을 하면서 신문배달, 날품팔이, 우편배달, 인력거꾼, 식당 배달원, 점원, 인삼 행상, 조선엿장수 등의 다양한 일을 병행하였다.

일본에 도착한 후 얼마 되지 않아 친일반민족행위자는 물론 조선을 모욕하는 일본인을 응징하는 '혈권단'과 '의권단'을 조직했고, 고학생동우회와 흑양회를 거쳐 1920년에는 무정부주의 단체인 '흑도회(黑濤會)'를 조직하여 간사로 활동했다. 이때 그가 한 대표적인 활동은 니가타 현 시나노가와 댐 공사현장에서 조선인 노무자들이 엄청나게 혹사당하며 극심한 산업재해는 물론 타살이 만연하다는 소문을 듣고 이를 조사하여 발표한 것이다. 조선인 100여 명이 처참하게 죽어나갔다는 자세한 상황을 조사한 흑도회는 그해 9월 간다의 조선기독교청년회관에서 조사 결과를 발표하는 연설회를 열었다. 일본 경찰은 이 조사 발표회가 열리지 않도록 온갖 방해를 했지만, 조선인과 일본인 각 5백여 명, 1천여 명이 모여들었다.

이 흑도회는 이듬해인 1921년 노선 차이로 김약수 등의 공산주의자가 이끄는 '북성회'와 박열 등의 아나키스트가 이끄는 '풍뢰회'(이후 흑우회로 개칭)로 분리되었다. 1923년 4월 연인인 가네코 후미코 및 여러 동지들과 함께 비밀결사 '불령사'를 조직하여 더욱 활동을 강화하였다. 독립운동 자금을 착복한 장덕수는 물론 사회주의자를 모욕한 동아일보 기자 김형원을 사적으로 제재하였으며, 민중화가 모치즈키 카츠라와 민중예술론을 주창한 가토 가즈오를 통해 혁명사상을 배우기도 했다. 백정해방운동을 벌이던 조선형평사에 응원하는 전보를 보냈고 파업 지도 명목으로 투옥된 나카니시 이노스

케의 출옥 환영회를 개최하기도 하였다. 박열이 이러한 활동을 하면서 도쿄에서 지내는 동안 검속 구류를 당한 횟수가 50회가 넘었다. 박열이 사는 집 앞에 경찰 파출소가 설치되어 출입하는 사람들을 일일이 검문했다. 박열이 발간하는 잡지나 인쇄물은 제본되어 나오자마자 당국에 압수되어 발매금지 처분을 받았다. 따라서 인쇄소를 이곳저곳 옮겨 다니며 비밀리에 인쇄물 발매도 시도했지만 쉽지 않았다.

1923년 9월 1일 관동대지진(關東大地震)이 발생하자 박열과 가네코 후미코는 일본인들에 의해 자행되는 조선인 학살을 피하기 위해 피신하였으나 9월 3일 보호 검속이라는 명목으로 체포되었다. 일본 경찰의 취조 도중 박열의 폭탄 구매 계획이 드러나자, 일본 정부와 검찰은 이것을 천황 암살을 기도한 사건으로 날조하여 보도하였는데, 이는 '대역사건(大逆事件)'이라고 불렸다. 박열은 재판 과정에서 4가지 요구를 했는데, 피고라고 부르지 말 것, 공판정에서 조선 예복 착용을 허락할 것, 재판장과 동일한 높이의 좌석을 마련할 것(거절됨), 선언문 낭독을 허락할 것 등이 그것이었다. 같이 기소된 그의 연인이자 사실상의 부인 가네코 후미코도 "조선 옷을 입겠다"고 하여, 첫 공판에서 박열은 사모관대를, 가네코 후미코는 치마저고리를 입었다. 그리고 '우리는 일본인이 아니라 조선인이므로, 재판도 조선말로 할 것이니 통역을 허락하라'고 요구하기도 했다.

박열과 가네코 후미코 두 사람에게 1926년 3월 25일 사형이 선고되었으나 11일 뒤에 무기징역으로 감형되었다. 변호사 후세 다쓰지의 도움으로 박열과 가네코 후미코는 옥중 결혼을 하였다. 1926년 7월 23일 가네코 후미코는 23세의 나이로 요절하였고 박열은

22년 2개월 동안 복역한 끝에 1945년 10월 27일 석방되었다. 일본 패전 후 연합군 사령부가 모든 정치사상범들을 즉각 석방하라고 지시했지만, 박열의 경우에는 일반 정치사상범과는 다른 대역범이라는 이유로 석방이 늦어졌다. 이에 재일본조선인동맹이 집회와 시위를 벌이고 연합군사령부에 석방 탄원서를 넣은 결과 늦게나마 출옥할 수 있었다.

이후 박열은 도쿄에서 '신조선건설동맹'을 결성하였고 김구 선생의 요청으로 윤봉길, 이봉창, 백정기 세 의사의 유해 송환을 추진하기도 하였다. 이후 그는 반공주의 노선의 신념을 표방하였고, 신조선건설동맹은 타 우파 단체들과 통합하여 재일조선인거류민단(지금의 민단)으로 확대 발족되었다. 박열은 이 재일조선인거류민단의 초대 단장으로 추대되었다. 1948년 8월 15일 이승만의 초청으로 일시 귀국하여 8월 16일 제헌 국회에 참석하여 '재일거류민단대표'로 재일동포에 대한 상황을 보고하기도 하였다.

박열은 1949년에 영구 귀국하여 서울에 머물렀다. 그러나 북한의 침략으로 벌어진 6.25 전쟁 도중 북한 보위부에 의해 납북되었다. 서울이 함락되기 직전 박열은 주위의 피난 권고에도 '많은 국민이 서울에 남아 있는데 독립투사인 내가 그 사람들을 버리고 서울을 떠날 수 없다'며 서울에 잔류했다고 한다. 북한에서 재북평화통일촉진협의회장을 맡고 있다가 1974년 1월 17일 평양에서 71세에 사망하였다. 남한에선 자진 월북인 경우 언급 자체가 금기시된다고 볼 수 있는데, 박열은 반공주의 노선에 있었기 때문에 자진월북이 아니라 북한 당국에 의해 강제 납북되었다고 인식되어 왔다. 그로 인해 박열의 사망 소식이 알려지자, 대한민국 언론에서도 이것을 일부 보도했고 사회장 수준의 추도식이 열리기도 하였으며 1989년에 건국 훈장 대통령장에 추서되었다.

가네코 후미코는 1903년에 일본 가나가와현 요코하마시에서 태어났다. 아버지 사에키 후미카즈(佐伯文一)는 히로시마현 아키군의 사족 집안 출신으로 일본 제국 경찰로 근무하면서 야마나시현 히가시야마나시의 소마구치(杣口)에서 지낼 때 농민의 딸 가네코 도쿠노(金子トクノ)와 결혼하였다. 아버지가 가정을 돌보지 않고 불륜은 물론 술과 도박에 빠져 경찰에서 파면되어 후미코는 여기저기 전전하는 불우한 가정환경 속에서 자랐다. 부모가 혼인신고를 하지 않아서 후미코는 출생신고도 안 되어 사생아나 다름없었기 때문에 소학교 입학도 못 하였다. 어려서부터 호적에 없다는 이유로 비국민 취급을 받아 큰 상처를 입고 자랐다. 어머니도 여러 남자들과 동거를 하는 바람에 후미코는 어린이로서의 보호를 받지 못하고 오히려 갖은 학대를 받았다. 어머니가 세간살이를 팔아 생활하다가 더욱 어려워져 후미코를 사창가에 유녀로 팔 뻔한 적도 있었다.

후미코가 8살 때 어머니가 재혼한 이후부터는 외삼촌 집에서 자랐다. 그리고 9살 때 자식이 없던 고모부 이와시타 케이세이치로(岩下 敬三郎)의 집에 입양되기로 하여 우선 호적을 얻었는데 친부모가 아닌 외조부의 5녀로 입적되었다. 하지만 후미코가 거친 환경에서 자라나 말과 행동이 공손하지 못하고 성격도 비뚤어져 있다는 이유로 입양은 없었던 것이 되어 버렸다. 파양되자 학교 성적표 등 공식 서류에 적힌 이름은 이와시타 후미코에서 가네코 후미코로 바뀌었고 할머니는 고모와 함께 후미코를 식모처럼 학대하며 부려먹었다. 고모부는 조선총독부 철도국에서 근무하던 중 사망 사고 책임으로 사직한 후 조선에서 지주로 살고 있었는데, 마찬가지로 후미코에게 모욕을 주거나 학대하였다.

후미코를 조선으로 데려갈 당시에는 상급학교까지 보내주겠다고 약속했으나 겨우 소학교(초등학교)까지 졸업시켜 주었다. 이것도 후미코를 위해서가 아니라 저 좋은 집안에서 아이를 소학교도 안 보낸다는 악평은 듣고 싶지 않아서였을 것이다. 조선에 와서 친척들의 학대를 받던 후미코는 자살까지도 생각했지만, 조선인 동네에서 일본인 아이라는 이유로 차별받지 않고 먹을거리도 제공받는 경험을 통해 생각을 달리하게 되었다. 1917년 부강공립고등소학교를 졸업한 후 후미코는 거의 2년 동안 식모로 전락해 집안일만 하며 살았는데, 1919년 조선에서 일어난 3.1 운동을 목격하고 후미코는 조선인이 처한 상황에 자신의 처지를 투영하여 조선인들의 독립 의지와 운동에 깊이 공감하였다.

후미코는 1919년 4월 12일, 7년 만에 일본으로 귀국하였다. 어머니가 여전히 여러 남자들과 결혼과 이혼을 반복하는 불안정한 생활을 하고 있고 아버지도 딸을 부잣집으로 혼인시켜 경제적 이익을 얻을 생각만 하고 있었다. 결국 아버지에게도 실망한 후미코는 학문에 대한 관심이 강해져 야마나시를 떠나 1920년 4월 도쿄로 상경했다. 도쿄에서 작은 외할아버지 구보타 가메타로의 집에 머물면서 우에노(上野)에서 신문팔이, 가루비누 노점상과 행상, 식모살이, 식당 종업원 등 여러 일을 하면서 고학 생활을 이어나갔다. 후미코는 1920년 7월부터 1921년 10월까지 사회주의 책과 잡지를 탐독하면서 기독교와 사회주의, 아나키즘을 접했는데 이것들에 실망하기도 하였다.

1921년 여름, 조선인 사회주의자들과 아나키스트들(원종린, 정우영, 김약수, 정태성 등)과도 교류를 시작하였다. 1921년 11월 후미코는 작은 외할아버지 집을 떠나 유라쿠초에 있는 이와사키(岩崎) 오뎅집의 종업원으로 들어가 낮에는 식당 일을 하고 밤에는 야간학교를 다녔다. 1922년 2월 후미코는 정우영의 하숙집에서 그가 발간을 준비하던 잡지 『청년조선』의 교정쇄에서 박열의 시 '개새끼'를 읽고 크나큰 감동을 받았다. 한 달여가 지난 3월에 후미코는 박열을 오뎅집에서 만났고, 교제하기 시작한 후 그의 사상에 공감하여 아나키스트가 되었다. 후미코는 박열과 5월부터 동거를 시작했으며 박열이 조직한 모임인 '흑도회(黑濤會)'에 가입했다. 1923년 4월 후미코는 박열과 함께 '불령사'를 조직하여 잡지발간, 강연회 개최 등 다양한 활동들을 전개하였다.

1923년 9월 1일 관동대지진이 일어나고 3일 뒤에 후미코는 박열과 함께 경찰에 연행되었는데 수사 도중 폭탄 입수 계획이 밝혀지자, 일본 당국은 10월 20일 형법 73조(대역죄) 위반으로 기소하였다. 1925년 5월 4일 예심판사 다테마스 가이세이는 박열과 후미코의 사진을 찍어주며 후미코에게 전향을 요구했지만, 전향을 거부당했다. 그러나 자유분방하고 당당한 모습의 두 사람의 옥중 사진이 공개되자 일본 사회는 발칵 뒤집혔고 이로 인해 담당 판사인 다테마스 가이세이는 해임되었다.

1926년 3월 23일 후미코와 박열은 옥중 결혼을 하고 도쿄 우시고메 구청에 혼인신고서를 제출하여 후미코는 박열의 호적에 올라갔다. 이틀 후에 열린 최종 판결에서 두 사람은 사형을 선고받았는데, 박열은 '재판은 유치한 연극이다'라고 일갈했고 후미코는 만세를 외쳤다. 그러나 불과 11일 후인 4월 5일 당시 병약한 요시히토(嘉仁, 1879~1926) 천황의 섭정인 히로히토(裕仁, 1901~1989)에 의해 무기징역으로 감형되었다. 후미코는 이 감형 통지서가 왔을 때 분노하며 찢어 버렸다고 하나, 신문에는 후미코가 감읍해했다는 왜곡 보도가 실렸다.

후미코는 4월 8일 우츠노미야 형무소 도치기 지소로 이감되어 복역하다가 7월 23일 의문사하였다. 일본은 사인이 자살이라고 하였으나 이를 믿지 못한 후세 다쓰지 변호사와 흑우회, 불령사의 동지들은 후미코의 어머니와 함께 형무소 공동묘지에 가매장된 후미코의 시신을 다시 확인해 보기도 하였다. 그러나 사인을 밝혀내지 못하고 결국 유해를 화장했다. 법적으로 후미코는 박열의 아내였기에 박열의 형 박정식이 조선 상주경찰서에서 후미코의 유골을 인수받아 박열의 고향이자 선영인 경상북도 문경군 문경면 팔령리에 안장하였다. 47년이 지난 1973년 7월 23일, 문경 묘소에서 묘비 제막식이 거행되었고 사망 50주년인 1976년 3월 야마나시현 마키오카 소마구치에 있는 후미코의 생가터에 '가네코 후미코비(金子文子碑)'가 세워졌다. 후미코의 묘는 2003년 박열의 생가터에 '박열의사기념관'을 세우면서 후미코의 묘도 기념관 경내로 이장했다. 대한민국은 늦게나마 후미코가 일제에 저항하며 조선인 박열과 함께 치열한 투쟁을 전개했다는 점을 높이 평가하여 2018년에 건국훈장 애국장을 추서했다.

후세 다쓰지는 1880년 11월 13일 일본제국 미야기현 이시노마키시에서 태어났다. 부친은 자유민권운동을 지지했으며, 역사, 철학, 문학 등에 걸쳐 폭넓은 독서를 한 지식인이었다. 후세 다쓰지는 부친이 읽은 인문학 책들을 읽고 자신의 생각으로 정리하였다. 그는 어려서 청일전쟁, 러일전쟁을 접하면서 전쟁과 제국주의에 대해 혐오하게 되었으며 묵자의 겸애사상과 톨스토이의 사상에 감명을 받고 사회적 약자와 식민지의 억압받는 자들을 돕는 길에 헌신하고자 마음먹었다고 한다. 그래서 정교회 신학교에 입학하였으나 3개월 만에 자퇴한 뒤, 메이지대학교 법학과에 들어갔다.

대학생 시절에는 기독교 사상가인 우치무라 간조, 기독교 사회주의자들인 고우도쿠 슈스이, 아베 이소오 등으로부터 영향을 받았다. 일본으로 유학 온 조선인 유학생들과의 교류는 식민지 조선의 상황을 이해하고 이들의 민족의식을 인식하여 이들과 연대하는 마음을 갖는 계기가 되었다. 대학을 졸업한 후에 검사가 되어 우쓰노미야지검에 부임했다. 그러나 검사 활동 중에 생활고로 모녀가 동반자살을 시도했다가 딸아이만 죽고 어머니는 살아나는 사건에서 모녀를 자살로 내모는 사회적 구조는 그대로인 채 어머니를 살인죄로 기소해야 하는 법적 현실에 회의를 느끼고 검사직을 벗어던지고 변호사가 되었다.

후세 다쓰지는 변호사가 된 뒤, 일본 국내의 농민, 노동자, 부라쿠민 등 사회적 약자의 권리보호를 위해 헌신하였고, 나아가 한반도, 타이완 등 해외 식민지에서 민중들의 권리가 침해된 각종 사건에서도 변호를 해주었다. 한반도와 관련하여서는 1911년에 후세 다쓰지는 「조선의 독립운동에 경의를 표함」이라는 글을 통해 일본이 한반도를 병합한 것을 침략으로 규정하고 조선의 독립운동을 지지하였다. 이 글 때문에 그는 일본 경찰의 조사를 받았다. 이후 그는 항일 독립운동가들의 변호를 많이 맡았는데, 1919년 2.8 독립 선언의 주체였던 최팔용, 송계백 등을 변호하였고, 1924년에는 도쿄 황궁에 폭탄을 던진 의열단원인 김지섭을 변호하기도 하였다.

그는 1923년 9월에 발생했던 관동대지진 후에 자행된 조선인 대학살 사건이 일본 정부와 경찰, 군부 등에 의해 조작된 유언비어로 발생하였음을 강력하게 비판하였다. 특히 관동대지진 후 체포된 박열과 가네코 후미코에 대한 변호가 가장 특기할 만하다. 이 두 사람은 천황 폭살을 기획한 혐의로 기소되어 재판을 받았는데, 후세 다쓰지는 무죄를 주장하며 변호하였고, 이들이 옥중 결혼을 할 수 있도록 도와주었다. 나아가 가네코 후미코가 의문사하자 그녀의 유골을 수습해 박열의 고향인 경상북도 문경에 안장될 수 있도록 도움을 주었다.

후세 다쓰지는 1932년 일본공산당에 대한 탄압(3.15 사건)을 강력하게 비판했다가 법정 모독 혐의로 징계를 받아 변호사 자격을 박탈당했다. 1933년에는 신문지법 위반 혐의로 3개월 금고형을 받았고, 1939년에는 치안유지법 위반 혐의로 징역형을 선고받고 2년 동안 복역했다. 1945년 일본의 패전 후 변호사 자격을 회복하였는데, 한신 교육투쟁(한신 교육 사건)이나 도쿄 조선 고등학교 사건 등 재일 조선인 사건 및 노동운동에 대한 변호를 여러 차례 맡았다. 그는 한국전쟁에 대한 정전협정이 체결된 직후 1953년 9월 13일에 세상을 떠났다. 후세 다쓰지는 생전에 억압받는 조선인들에 대한 변호에 매진하였고 조선의 독립을 지원하였기 때문에 대한민국은 2004년에 일본인 최초로 건국훈장 애족장을 추서하였다.

5. 일생을 바친 헌신과 감동적인 장애 극복

우리 인간은 기본적으로 다른 사람을 위하는 마음을 가지고 태어났다. 자라온 환경이나 어떤 계기가 작용하여 그러한 이타심이 더 커질 수도 있고 줄어들 수도 있다. 어떻든 이러한 생래적인 이타심 때문에 우리는 누구나 다른 사람이 위험에 처해 있거나 어떤 어려운 환경에 놓여 있을 때 거의 즉각적으로 그를 도우려는 마음이 들고 잠깐 동안은 실행에 옮기기도 한다. 그러나 자신의 인생을 통째로 다른 사람을 위해 헌신하고 희생한다는 것은 용기와 결단을 필요로 하고 지속에 따른 고통도 수반된다. 그래서 사회적 낙인과 차별 속에 고통받는 한센병(나병) 환자들이 격리되어 살아가는 먼 이국땅의 작은 섬에 와서 평생을 헌신하며 봉사했던 오스트리아 출신 마리안느 스퇴거(Marianne Stöger, 1934~)와 마가렛 피사렉(Margaritha Pissarek, 1935~2023)의 삶은 우리에게 감동을 주며 존경의 마음이 저절로 들게 만든다. 또한 시각 및 청각 장애를 불굴의 의지로 극복해 내고 장애인들을 위한 삶을 살았던 헬렌 켈러(Helen Adams Keller, 1880~1968)와 자신 역시 장애를 가진 사람으로서 헬렌 켈러가 이렇게 장애를 극복하고 헌신적인 삶을 살 수 있도록 이끌어 준 앤 설리번(Anne Sullivan, 1866~1936)의 삶도 안일한 일상을 살아가는 우리에게 커다란 감동과 자극을 준다.

마리안느와 마가렛은 오스트리아 인스부르크 간호학교를 졸업한 간호사이자 그리스도 왕시녀회 출신 수녀이다. 그들은 각각 15세와 14세 무렵 마가렛의 아버지가 일하던 병원에서 간호 수습생 신분으로 처음 만났다. 마가렛이 1959년 24세에 먼저 한국에 와서 경상북도 왜관의 한센인 정착지 베타니아원에서 근무했다. 그 후 마가렛은 전주 성모병원, 고창 한센인 병원 동해원, 서울 갈엘 수녀회 등을 거쳐 1966년 다미안 재단의 간호사로서 국립소록도병원에서 근무하기 시작했다. 마리안느는 28세 되던 1962년에 광주 교구장 헨리 대주교와의 5년 계약으로 소록도로 왔다. 1971년에 다미안 재단의 의료진들의 경우 계약이 만료되자 귀국하였지만, 마리안느와 마가렛은 자원봉사자 신분으로 소록도에 남았다.

소록도는 한센병 환자들을 포함한 6천여 명의 주민들이 절망과 눈물로 하루하루를 지새우던 죽음의 섬이었다. 한센병은 나균 또는 나종균에 의해 발병하는 병으로 오랜 잠복기 후 증상이 발현되면, 신경계, 피부 등에 염증이 발생하고 고통도 느끼지 못 하게 되며 신체 말단부터 썩고 문드러져 결국 신체 일부분을 잃게 된다. 소록도는 일제 강점기인 1916년부터 한센병 환자들을 격리 수용하여 치료하는 병원과 시설이 세워진 후 한센인의 섬이 되었다. 그러나 한센병 환자들에 대한 치유보다는 이들에 대한 온갖 차별과 억압이 가해졌다. 강제 노역, 감금, 폭행, 낙태와 불임수술 등 온갖 인권침해가 자행되었다.

의사들조차도 한센병 환자들과의 접촉을 피하던 이 섬에 20대 젊은 벽안의 간호사 두 명이 와서 환자들과 밥을 같이 먹으며 맨손으로 진료했던 것이다. 마리안느와 마가렛은 천대받던 한센인들을 존중하고 친절하게 대했으며 가족조차 멀리했던 그들의 등을 어루만져 주었다. ‘저주받은 날’로 생각되던 그들의 생일을 축하해 주기 위해 두 수녀는 직접 케이크를 만들었다. 자신의 존재를 절망 자체라고 생각하던 환자들에게 생명의 고귀함과 삶의 희망을 일깨워주었다.

마리안느와 마가렛은 자신들을 위해서 돈을 쓰지 않았으며, 가족들에게 돌아가는 한센인들에게 자신들이 모은 돈을 건네주었다. 부러진 빗자루는 테이프를 감아 썼으며, 입던 옷을 못 입게 되면 죽은 환자들의 옷을 고쳐서 입었다. 낡은 숙소에서 지네에 물렸어도 이 숙소를 고치려고 하지 않았다. 그렇게 마리안느는 1962년부터 2005년까지 43년 동안, 마가렛은 1966년부터 2005년까지 39년 동안 소록도에서 한센인을 위하여 봉사하였다. 그들은 노쇠와 건강 악화로 예전처럼 일할 수 없게 되자 부담이 될까 염려하여 2005년 11월 22일 편지 한 장만 남기고 조용히 섬을 떠나 귀국하였다.

편지에는 이러한 내용이 담겨 있었다. “이제는 저희들이 천막을 접어야 할 때가 왔습니다. 한국에서 같이 일하는 외국 친구들에게 소록도에서 제대로 일할 수가 없고 자신들이 부담을 줄 때는 본국으로 돌아가는 것이 좋겠다고 자주 말해 왔습니다. 이제는 우리가 그 말을 실천할 때라고 생각합니다. 이 편지를 보는 당신에게 하늘만큼 감사합니다. 부족한 외국인에게 크나큰 사랑과 존경을 보내주셨습니다. 같이 지내면서 우리의 잘못으로 마음 아프게 해드렸던 일에 대해 용서를 빕니다.”

2016년에 마리안느가 11년 만에 소록도를 방문하여 국립소록도병원 100주년 기념식에 참석하였다. 마가렛은 건강이 좋지 못해 장시간 비행이 허락되지 않아 방한하지 못했다. 소록도에 다시 온 마리안느는 '하늘만큼 행복했다'고 회고하였다. 소록도에서 무려 40여 년간 봉사의 삶을 살았던 두 수녀의 감동적인 사연이 알려지자, 국내 언론사들의 인터뷰 요청이 쇄도하였지만 단 한 번도 응하지 않았으며, 정부와 각종 단체가 주는 상과 지원금도 거절하였다.

마리안느는 "제가 한 보잘것없는 일로 칭찬받고 싶지 않다"는 이유로 인터뷰를 거절하였던 것이다. 즉, 자신이 한 일은 매우 사소한 일인데, 기사가 나가면 특별한 일을 한 것으로 보이고 지나치게 높게 평가될 수 있어서 부담스러웠다는 것이다. 스스로는 지난 40여 년간의 소록도 봉사의 시간을 사람들에게 '알릴 필요가 없는 일'이라 평가했다. 그저 간호사로서 예수의 복음대로 하루하루를 살았을 뿐 특별한 것은 하나도 없었기 때문이라고 하였다.

마리안느는 한센병 환자들이 치료를 받고 가족의 품으로 돌아가는 모습을 볼 때가 가장 기뻤지만, 병이 완치된 후에도 세상의 편견 때문에 가족들마저 외면하여 집에 가지 못했던 환자들에 대해서는 너무도 안타까웠다고 회상하였다. 그녀는 2005년 소록도를 떠날 당시를 떠올리며, "소록도를 떠날 때 마음이 너무 아파서 눈물을 많이 흘렸고, 돌아가서도 이곳 친구들을 많이 그리워했다"고 하였다. 안타깝게도 마가렛은 귀국 후 요양원에서 지내다가 2023년 9월 30일에 88세로 세상을 떠났다.

마리안느와 마가렛이 한국을 떠난 지 10년이 지난 2015년 '사단법인 마리안느 마가렛'이 설립되었다. 2019년에는 마리안느와 마가렛의 헌신과 봉사정신을 기리고 존중과 배려, 나눔을 실천하는 희망 사회를 만들기 위한 교육·연수 시설로 '마리안느와 마가렛 나눔 연수원'이 설립되었다. 이 연수원은 소록도가 건너다보이는 산자락에 건립되었는데 고흥군과 사단법인 마리안느와 마가렛이 공동으로 운영하고 있다.

헬렌 켈러는 1880년 6월 27일 미국 앨라바마주 터스컴비아 시에서 독일계 가정에서 장녀로 태어났다. 태어난 지 19개월이 지나 열병을 앓아 시력과 청력을 동시에 잃고 시청각장애인이 되었다. 그래서 의사소통이나 교육이 이루어질 수 없었고 대여섯 살 나이까지도 의사표현 방식은 사람을 때리거나 할퀴거나 물건을 던지는 정도였다. 헬렌이 여섯 살쯤에 부모가 볼티모어의 유명한 안과 의사 줄리안 차이소름 박사를 찾아갔으나 이미 시신경이 손상되어 치료는 불가능하고 교육을 통해 헬렌의 상태를 조금 개선시킬 수 있다는 얘기를 듣고 장애인 문제에 관심이 많은 알렉산더 그레이엄 벨 박사를 소개받았다.

벨 박사로부터 '퍼킨스 시각장애인학교'를 추천받아 가정교사를 의뢰했는데 앤 설리번이 헬렌을 맡게 되었다. 앤 설리번은 고아였고 시력이 시각장애인이나 다름없을 정도여서 퍼킨스 시각장애인학교를 다녔는데 이후 수술을 받아 어느 정도 시력을 회복하였지만, 눈이 많이 나빠 도수가 매우 높은 안경을 쓰고 다녔다고 한다. 앤 설리번은 인내심을 가지고 헬렌에게 손바닥에 글씨를 쓰는 방식으로 언어를 가르쳤는데, 헬렌은 물 펌프에서 나오는 물을 느끼며 처음으로 'water'의 의미를 깨닫게 되었다. 헬렌은 여덟 살 때 퍼킨스 시각장애인학교에 입학하여 정식 교육을 받았다. 이후에 뉴욕에서 라이트

휴먼스 농아학교를 거쳐 호렌스만 농아학교를 다녔다. 이 학교에서 사라 풀러 선생이 목의 진동과 입의 모양을 만져서 느끼게 함으로써 말을 할 수 있게 되었다. 그 후에 여동생 밀드레드와 케임브리지 여학교에 다닌 뒤, 16세 때 래드클리프 여대에 입학했다.

대학 졸업 후에 헬렌은 봉사활동은 물론 장애인 인권운동 등 사회활동을 활발하게 하였다. 그녀는 작가로서의 저술 활동을 했고 장애인 복지 및 인권 외에도 여성 참정권, 인종차별 반대, 노동자 보호 운동 등 다양한 사회 운동에도 동참하였다. 헬렌은 보스턴 근처의 랜섬에 정착하여 자서전을 포함한 여러 권의 책을 썼는데, 언어를 깨우친 후에도 그녀 곁에는 항상 앤 설리반이나 폴리 톰슨이라는 보조자가 있어 손바닥에 정보를 전달해 주어야 했다. 톰슨의 경우 그 행위를 오랫동안 해온 탓에 오른손이 비정상적으로 커지고 핏줄이 튀어나오기도 하였다. 앤 설리번의 한 친구가 앤을 높이 평가하는 의미에서 “네가 없으면 헬렌은 아무것도 아니야”라고 말하자 그녀는 “그럼 내가 헛되이 산 거로군”이라고 말했다고 한다. 한편, 헬렌은 앤 설리번의 남편인 사회주의자 존 메이시를 통해 사회주의를 접하게 되었고, 사회주의 활동으로 인해 비난을 받거나 한동안 FBI의 감시를 받기도 하였다.

헬렌은 1915년에는 비서였던 피터 페이건(Peter Fagan)의 청혼을 받았으나 가족들이 반대해서 결혼에 이르지 못했다. 헬렌은 장수했기 때문에 주변 사람들이 먼저 세상을 떠났는데, 그녀의 스승인 앤 설리번이 1936년에 세상을 떴다. 제2차 세계대전 후 코네티컷에 있던 집이 불에 타는 바람에 그녀가 쓴 원고들이 소실되었다. 이때 소실된 원고에는 앤 설리번의 전기도 있었는데 원고를 다시 써서

1958년에 출간했다. 헬렌은 1968년에 향년 87세로 세상을 떠났다.

헬렌 켈러는 우리가 소중하게 간직할만한 말들을 많이 남겼는데 그중 몇 가지를 소개하면 아래와 같다.

“행복의 한쪽 문이 닫히면 다른 쪽 문이 열린다. 그러나 흔히 우리는 닫힌 문을 오랫동안 보기 때문에 우리를 위해 열려 있는 문을 보지 못한다.”

“장애는 불편하다. 하지만 불행한 것은 아니다.”

“희망은 인간을 성공으로 인도하는 신앙이다. 희망이 없으면, 아무것도 이룰 수 없다.”

“시각장애인으로 태어나는 것보다 더 비극적인 일은 앞을 볼 수 있으나 비전이 없는 것이다.”

“세상이 비록 고통으로 가득하더라도, 그것을 극복하는 힘도 가득하다.”

앤 설리번은 1866년 미국 매사추세츠주 피딩힐스에서 태어났는데, 어머니는 결핵을 앓다가 그녀가 8세 때 사망하였다. 아버지는 술에 빠져 살았고 가족에게 늘 폭력을 행사하였다. 친척들은 앤과 결핵에 걸린 동생인 지미를 매사추세츠 주립 병원에 버렸고, 그녀가 동생을 열심히 간호했지만 동생은 결국 결핵을 이기지 못하고 세상을 떠났다. 동생마저 세상을 떠난 충격으로 그녀는 정신적으로 피폐해지면서 점점 난폭해졌고 공격적이고 자해도 시도하게 되었다. 다행히도 샤론 로라라는 간호사가 그녀를 돌보게 되었는데, 그 간호사는 여러 가지로 앤을 교육시키면서 183일 동안이나 “하나님이 너를 사랑하신다”고 강조했다. 결국 그 간호사의 헌신적인 교육과 사랑 때문에 앤은 공격적인 성향을 고치고 교육을 통해 더욱 향상될 수 있었다.

앤 설리번은 다섯 살 무렵 시각을 상실케 할 수 있는 바이러스인 트라코마에 감염되어 시력이 나빠졌다. 나중에 로마 가톨릭교회 사제 바바라 신부가 운영하던 병원에서 수술을 받았으나 수술 과정에서의 문제로 시력이 더욱 나빠졌다. 그래서 바바라 신부는 보스턴 시립 병원에서 다시 수술을 받도록 하였으나 사물을 아주 흐릿하게 볼 수 있는 수준 이상으로 시력이 회복되지 않았다. 이에 어쩔 수 없이 앤 설리번은 1880년 퍼킨스 시각장애인학교에 입학하게 되었다. 퍼킨스 시각장애인학교에서 그녀는 미국 최초의 시청각장애인으로서 역시 이 학교에서 언어를 깨우친 로라 브리지먼에게 브라유 점자를 배웠다. 재학시절에 그녀는 수술을 다시 받아 시력을 많이 회복하였고, 1886년 졸업식 때 그녀는 졸업생 대표로 연설을 하였다.

1887년 헬렌 켈러 측에서 전담 교사 요청이 들어오자, 퍼킨스 시각장애인학교 교장 마이클 애나그너스는 앤 설리번을 위촉하였다. 앤은 헬렌에게 손바닥 위에 알파벳을 쓰는 식으로 언어를 가르쳤으며, 헬렌이 퍼킨스 시각장애인학교에 다닐 때 함께 등교하여 수업을 참관하였다. 그녀는 21세에 헬렌을 가르치기 시작하여 50년 가까이 헬렌을 위해 헌신하였다. 앤은 1903년에 문학평론가인 존 앨버트 메이시와 결혼했으나 1914년에 이혼했다. 노년에 건강이 나빠져 시력을 잃으면서 폴리 톰슨에게 자신의 일을 맡겼다. 앤은 70세의 나이인 1936년 10월 20일 뉴욕주 포레스트 힐에서 관상동맥 혈전증으로 세상을 떠났다. 사후에 앤은 화장되어 워싱턴 국립 대성당에 안치되었다. 그로부터 32년 후인 1968년, 세상을 떠난 헬렌 켈러의 유해는 은사인 앤 설리번의 묘 옆에 나란히 안치되었다.

6. 보이지 않는 원리와 미래를 향한 열정

어떤 보이지 않는 물리적 원리를 발견한다든가 예상하기 어려운 미래에 대한 비전을 가지고 뭔가를 추구하는 것은 고도의 상상력과 집요한 집중력을 필요로 한다. 여기에는 그것을 지향하는 용기 있는 결단과 어떤 어려운 상황도 돌파해내는 결연한 의지가 뒷받침되어야 한다. 그러한 측면에서 100년도 훨씬 전에 특수 상대성 이론을 정립하고 나아가 일반 상대성 이론 및 광전효과 연구 등을 통해 현대 물리학의 기초를 세운 알베르트 아인슈타인(Albert Einstein, 1879~1955)은 매우 위대하다고 할 수 있다. 그는 과학자로서의 책임을 자각하여 평화운동과 핵무기 반대 활동에도 적극적으로 나섰다. 또한 빌 게이츠(Bill Gates, 1955~)도 개인용 컴퓨터가 모든 가정과 사무실에 보급될 것이라는 비전을 제시하며 거기에 필요한 소프트웨어를 개발하여 제공함으로써 생산적 사무환경 구현은 물론 개인 생활의 편의 증진에 기여하여 비즈니스에 크게 성공하였다. 그래서 그는 1990년대 중반부터 2010년대 중반까지 세계에서 가장 부유한 사람으로 평가되었다. 2008년 마이크로소프트에서 은퇴한 후에는 거액의 사재를 들여 설립한 공익재단을 통해 말라리아 퇴치, 백신 개발 및 보급, 빈곤국 교육 지원, 환경문제 해결 등을 위한 다양한 프로젝트를 추진해 오고 있다. 뛰어난 상상력을 발휘하여 보이지 않는 어떤 원리를 발견하거나 불확실한 미래에 대해 예상을 하고 필요한 재화나 서비스를 제공한다는 것은 결코 쉬운 일이 아니다. 그것만으로도 충분한데도 불구하고 스스로의 위치에서의 책임감과 인류를 위한 선한 활동의 필요성에 따라 직접 행동에 나선다는 것은 더더욱 어려운 일이다.

아인슈타인은 1879년 3월 14일 독일제국 울름의 유대인 가정에서 태어났는데 어려서부터 천재성을 보였다. 열 살이 조금 넘어서 미적분을 혼자서 공부하고 특히 유클리드 원론의 논리성에 감탄했다고 한다. 그러나 아인슈타인은 세 살까지도 말을 잘하지 못하였고 일곱 살이 되어서도 부모님의 간단한 심부름도 잘 감당하지 못할 정도로 인지적 발달은 늦었다고 한다. 그는 청소년기에 김나지움에 진학해서 수학, 물리학에 심취하였는데 어려운 질문들을 하여 교사들이 쩔쩔매게도 하였다. 그는 당시 독일의 주입식 교육에 반감을 크게 가졌는데 이것이 나중에 학풍이 자유로운 스위스로 유학을 떠나는 계기가 되기도 하였다.

1895년 취리히 연방 공과대학교의 입학시험에서 뛰어난 실력의 수학과 물리학은 최고점을 받았지만 어학 성적에서 낙제점을 받아 낙방하였다. 김나지움 고등학교 졸업장을 받아오면 입학시켜주겠다는 배려로 1년 후에 입학하게 되었다. 비슷한 시기에 그는 독일제국의 강압적인 군국주의에 대한 반발심으로 뷔르템베르크 왕국의 국적을 포기해 무국적자가 되었다. 그는 취리히 연방 공대(ETH Zurich)

에서 '수학 물리 교육과정'을 전공하였다. 그는 대학 시절에 좋아하는 과목 이외에는 수업 출석을 잘하지 않았고 시험은 친구의 노트를 빌려 벼락치기로 치렀다고 한다. 그러다 보니 아주 뛰어난 성적을 거두지는 못했던 것 같다.

대학 졸업 후 아인슈타인은 전공과는 무관한 보험회사에서 근무했는데 지도교수가 그의 불성실함과 자만심에 심기가 불편하여 추천서를 써 주지 않아 물리학 관련 직장을 잡지 못했기 때문이다. 또한 여기에는 당시 유럽 사회에 일던 반유대주의에 따른 인종차별도 겹쳤던 것으로 보인다. 보험회사 월급만으로 생활이 어려워 물리학 과외 아르바이트를 하려고 광고문을 내기도 하였다. 이 아르바이트 광고 문제로 상사와 싸워 해고되었는데 딸의 출생과 아버지의 사망까지 겹쳐서 굉장히 힘든 시기를 보냈다. 실업 상태에 처하자, 아인슈타인은 대학 동창인 마르첼 그로스만에게 도움을 청했는데, 그의 아버지가 특허청 고위공무원에게 부탁해서 아인슈타인은 특허청 심사관으로 일하게 되었다. 1901년 스위스 국적을 취득한 후 병역의무가 부과되어 징병검사 결과 평발과 정맥류 판정으로 병역면제를 받았다.

아인슈타인은 특허청 심사관으로 일하면서 1905년에 여러 편의 논문을 연속으로 발표했는데 브라운 운동, 광양자 가설, 특수 상대성 이론, 분자크기 결정, 질량-에너지 등가원리($E=mc^2$) 등에 관한 논문이 그것이다. 그는 또한 같은 해에 고체를 이루는 분자의 운동과 에너지를 주제로 한 논문을 박사학위 논문 지도교수 알프레드 클라이너와 함께 발표했다. 이렇듯이 아인슈타인은 26세이던 1905년 한 해 동안 공간, 질량, 시간, 에너지에 대한 기존 개념을 완전히 뒤엎어버리고 물리학의 근간을 흔든 논문들을 발표하여 현대 물리학 발전에 큰 영향을 미쳤다. 후세의 사람들은 1905년을 '기적의 해'(Annus mirabilis, 라틴어)라고 불렀고 IUPAP(International Union of Pure and Applied Physics)에서 이 기적의 해 100주년이 되는 2005년을 '세계 물리학의 해'로 기념하였고 이를 유엔에서 승인하기도 하였다.

아인슈타인의 물리학자로서의 가장 괄목할 업적은 일반 상대성 이론, 즉 새로운 중력 이론인데, 이를 완성하는 데 1907년부터 1915년까지 거의 9년이 소요되었다. 아인슈타인은 1909년에 특허청에 사표를 냈다. 그는 1911년 4월 프라하의 카렐 대학교(Charles University)의 이론 물리학 교수로 임용되어 가족과 함께 프라하로 이주하였고, 양자 문제는 제쳐두고 빛의 굴절, 정적 중력장 이론 등 상대성 이론 관련 논문을 잇달아 물리학 연보에 발표하였다. 1912년에 중력이 시간과 공간의 곡률과 관련되어 있다는 아이디어를 생각해냈으나 공간 기하학 관련 수학을 알지 못했다. 그해 8월 모교인 취리히 연방 공대(ETH Zurich) 이론 물리학 교수가 되어 취리히로 돌아간 직후 동료 수학자인 그로스만(Grossmann)으로부터 일반 상대성 이론의 토대가 되는 미분 기하학을 배웠다.

아인슈타인은 1913년 7월 막스 플랑크의 추천으로 프로이센 과학 아카데미(Prussian Academy of Sciences) 회원이 되어 학생 교육에 대한 부담 없이 자유롭게 연구할 수 있게 되었다. 1914년 4월 취리히에서 베를린으로 이주한 후 7월에 제1차 세계대전이 터졌고 부인 밀레바와의 관계가 악화되어 별거할 지경에 이르렀다. 이러한 어려운 상황 속에서 아인슈타인은 중력 이론의 완성에 전념하였고, 여러 물리학자, 수학자들과의 교류를 통해 이론을 수정하여 1915년 11월에는 중력장 방정식과 일반 상대성 이론을 완성하였다. 아인슈타인은 1922년에 노벨물리학상을 받았는데, 수상 근거로 제시된 것은 '이론 물리학에 대한 공로, 특히 광전효과 법칙의 발견'(for his services to Theoretical Physics, and especially for his discovery of the law of the photoelectric effect)이었다. 그의 수상식 연설문에 따르면 여기에서 언급된 '이론 물리학'은 상대성 이론, 브라운 효과, 그리고 광전효과 세 가지였다.

아인슈타인은 눈부신 과학적 업적에도 불구하고 결혼 및 가정생활과 관련하여서는 여러 가지 비판이 제기되고 있다. 그는 결혼을 두 번 했는데, 첫 번째 부인은 같이 물리학을 전공한 동급생 밀레바였다. 밀레바가 나이가 더 많고 세르비아계 외국인이었다는 이유로 아인슈타인 집안에서는 반대를 했으나 1901년 원치 않은 임신으로 아이를 낳게 되어 1903년에 결혼을 하였다. 제1차 세계대전 중에 밀레바와 떨어져 지내는 시기에 친척 누나이자 과부였던 엘사(Elsa Lowenthal)와 친해졌고 결국 1919년에 밀레바와 이혼을 하고 엘사와 결혼하였다. 이혼 후 아인슈타인은 밀레바는 물론 그녀와의 사이에서 태어난 두 아들을 도와주지 않아 모두를 고생시켰다. 차남인 에두하르트는 정신분열증을 심하게 앓아 어머니를 목 졸라 죽이려 했던 일로 평생 정신병원에서 구금되어 살다가 죽었다. 장남 한스는 아버지의 유전자 때문인지 총명해서 버클리 주립대학에서 수력학 교수를 지냈고 뛰어난 토목공학자로 활동하였다. 그는 미국에 살면서도 스위스의 어머니와 동생의 생활비와 병원비를 보내주었다. 그는 어머니와 자식들에게 무관심했던 아버지를 평생 미워했으며 아인슈타인의 부고에도 슬퍼하지 않았고 장례식장에도 찾아가지 않았다.

1930년대에 아돌프 히틀러(Adolf Hitler, 1889~1945)가 집권하면서 독일에서의 유대인 탄압이 시작되었다. 아인슈타인의 연구 업적들은 유대인의 연구라는 이유로 공개적으로 불태워졌고 재산도 모두 압수되었다. 아인슈타인은 당시로서 거액이었던 5만 마르크의 현상금까지 걸리게 되어 1933년에 미국으로 망명하게 되었다. 망명한 후 미국 국적을 취득하였고 프린스턴 대학교에서 물리학을 강의하였다. 1939년에 나치가 자신의 상대성 이론을 이용해 원자폭탄을 만들려고 한다는 소문을 듣고 루즈벨트(Franklin Delano Roosevelt, 1882~1945) 대통령에게 미국도 원자폭탄을 만들어야 한다는 편지를 보냈고 결국 미국은 원자폭탄을 세계 최초로 개발하게 되었다. 그러나 1945년 8월 일본의 히로시마와 나가사키에 원폭이 투하되어 수많은 사망자가 발생했다는 소식을 듣고 아인슈타인은 자신 때문에 이런 끔찍한 일이 벌어졌다고 경악하였고 그 이후 핵무기 반대 운동을 시작했다고 한다.

시오니즘이라는 유대인 건국 운동에 대해 부친의 영향으로 부정적이었다가 나이가 들어서는 점차 지지하는 입장을 취했다. 이스라엘 건국 후 1952년에 대통령직(내각제 정부의 상징적 지위)을 제의받았으나 고령을 이유로 사양하기도 했다. 아인슈타인은 이스라엘 건국 7주년 기념식 연설을 준비하다가 쓰러진 이후 사망했는데 공식적인 사인은 복부 대동맥류 파열로 인한 내출혈이었다. 그는 병원에서 "나는 내가 원할 때 떠나고 싶습니다. 인위적으로 생명을 연장하는 것은 천박한 짓입니다. 내 사명을 끝냈으니, 이제 우아하게 갈 때입니다."(I want to go when I want. It is tasteless to prolong life artificially. I have done my share, it is time to go. I will do it elegantly.)라고 하며 수술을 거부하였다고 한다.

아인슈타인은 역사상 가장 위대한 이론물리학자라고 알려져 있는데 그가 이룬 놀라운 연구 업적들과 창의성은 그를 그야말로 천재의 반열에 올려놓았다. 그래서 그의 헤어스타일, 얼굴 표정과 주름, 패션, 눈빛, 웃는 모습 등의 개인적 이미지가 천재의 상징처럼 여겨졌으며 타임지는 아인슈타인을 20세기를 대표하는 인물로 선정하기도 하였다. 아인슈타인의 연구는 새로운 패러다임을 몰고 올 물리법칙들을 밝혀내 인류가 세계와 우주에 대한 인식의 지평을 넓힐 수 있게 하였다. 그의 연구 업적은 전자공학, 원자력공학, 무기공학 등의 응용 학문에도 큰 영향을 미쳤다. 그의 이론을 기반으로 한 GPS, 핵무기, LED, 레이저, 태양전지 등의 다양한 발명품들은 인류의 생활양식은 물론 국가 간의 외교 전략도 완전히 바꾸어 버렸다.

빌 게이츠는 가구점 주인인 할아버지, 시애틀의 최고 법률회사를 운영하던 저명한 변호사인 아버지, 은행 재벌 집안인 맥스웰 가의 일원인 어머니를 배경으로 한 부유한 가정에서 부족함 없이 성장하였다. 빌 게이츠는 성당에서 박람회에 데려가는 조건으로 내건 성경의 산상수훈(마태복음 5장에서 7장) 암송을 완벽하게 해치웠고 수학적으로도 재능을 보여 어려서부터 천재성을 인정받았다. 또한 부모가 신체적 활동과 사회성을 길러주려고 많이 노력하였지만, 그는 식탁에서도 책을 놓지 않을 정도로 엄청난 독서광이었다.

빌 게이츠는 13세인 8학년 때에 컴퓨터를 처음 접하며 흥미를 갖기 시작했고 프로그래밍에 몰두하였다. 그는 그때부터 컴퓨터에 두각을 나타내기 시작하였다. 빌 게이츠는 그 자신이 컴퓨터과학의 천재로서 하버드대 재학 중에 인공지능 연구실에서 조교로 일하며 알고리즘에 관한 수준 높은 논문을 쓰기도 하였다. 그는 대학 재학시절 하니웰이라는 소프트웨어 회사에서 폴 앨런과 인턴으로 잠시 근무한 적이 있었는데 이 경험을 바탕으로 소프트웨어 회사 설립을 기획하게 되었고 드디어 하버드대를 중퇴하고 1975년 4월 4일, 폴 앨런과 함께 Microsoft를 창업하였다.

Microsoft는 초기에 알테어용 베이직 인터프리터로 유명해졌고 몇 년 뒤 IBM에 PC용 운영체제를 공급하기로 계약하였다. 이후 Microsoft는 시애틀 컴퓨터의 Q-DOS의 판권과 소스 코드를 사고 Q-DOS의 개발자 팀 패터슨도 영입해서 제품 이름을 MS-DOS로 바꾼 뒤 판매하여 큰 수익을 창출하였다. 또한 Microsoft는 경영위기에 처한 Apple에게서 GUI 특허에 대한 영구적 사용권을 받아 1985년에 GUI 인터페이스를 이용한 운영체제 Windows 1.0을 출시하여 OS 시장의 주도권을 잡게 되었다. 빌 게이츠는 컴퓨터 프로그래머로서의 재능이 탁월하였지만, 한때의 별명이 '실리콘밸리의 악마' (Demon of Silicon Valley)라 불릴 정도로 사업가로서의 수완도 매우 뛰어났다.

빌 게이츠의 가장 큰 업적은 소프트웨어 자체만으로도 판매될 수 있는 패러다임을 창출하였다는 것이다. 빌 게이츠 이전에 소프트웨어는 하드웨어와 결합된 서비스의 일부로서 부가가치를 창출하였고 저작권 측면에서도 인정을 받지 못하고 있었다. 빌 게이츠가 소프트웨어에 대한 배타적 재산권을 주장하고 이를 판매하는 비즈니스 모델을 확립하여 현재의 소프트웨어 기업들이 성장 발전할 수 있었다고 볼 수 있다.

Microsoft의 Internet Explorer와 Windows 끼워 팔기로 넷스케이프 등 기타 웹 브라우저 기업들이 몰락하게 되자 2000년에 미국 법무부는 공정성에 문제를 제기하며 시스템 소프트웨어(윈도우)와 응용 소프트웨어(오피스)를 나누어 기업을 분할하도록 명령하였다. 빌 게이츠가 항소에서 향후 끼워팔지 않겠다고 약속했으며 CEO 자리에서 물러나고 전재산을 사회 환원하겠다는 입장을 밝히면서 기업 분할 문제는 일단락되었다. 그는 2008년 CES에서 마지막 기조연설을 하고 CEO 자리에서 물러났다. 빌 게이츠는 2020년 3월 Microsoft의 이사직은 물론 투자회사의 직책까지 모두 내려놓고 교육 및 자선사업에 전념하겠다고 발표하였다.

빌 게이츠는 최근 개인적 삶을 회고하는 자서전을 썼는데, 세 권짜리 중 첫 번째로 발간된 책의 제목은 『Source Code: My Beginnings (소스 코드: 나의 시작)』이다. 그가 2025년에 70세가 되고 마이크로소프트 설립 50주년, 게이츠 재단 설립 25주년이어서 회고하게 된 것이다. 빌 게이츠는 최근 경제 잡지 포브스(Forbes) 추정 전 세계 부호 랭킹에서 16위로 규모는 1,070억 달러(약 157조 3,000억 원)에 달한다. 그는 31세가 되던 1987년에 당시 최연소 억만장자(billionaire)가 되었으며 1995~2010년, 2013~2017년에는 전 세계 1위 부자로 평가되었다.

빌 게이츠는 기술 발전이 공공 이익을 해치고 정치적 분열을 부추기게 될 수 있다고 하면서 마이크로소프트가 많이 투자한 인공지능(AI)이 악용될 가능성도 우려하였다. 그는 또한 요즘 핫한 암호화폐의 유용성에 대해서도 부정적으로 보았다. 빌 게이츠는 "정부와 협력하는 것이 매우 중요하지만, 정치에 직접 관여하는 것은 피하려고 한다"고 하였다. 그는 지금까지 낸 세금이 모두 14억 달러(약 18조 2천억 원)에 달하지만, "만약 더 나은 조세제도가 갖추어졌다면 400억 달러는 냈어야 했을 것이다"라고 하였다. 그가 운영하는 게이츠 재단은 소아마비·말라리아·에이즈 퇴치에 590억 달러를 사용하였다.

게이츠는 자신의 삶을 돌아보며 '행운(luck)'이 많이 작용했다고 강조하였다. '마이크로소프트와 같은 회사가 세계 정상에 오른 것은 수없이 많은 것들이 작용하지 않았으면 불가능했다'고 말했다. 이러한 행운과 비교해서 멜린다와의 이혼을 인생 최대의 실패라고 하였다. 게이츠는 1987년 최연소 억만장자가 된 후 마케팅 매니저로 채용한 멜린다와 사랑에 빠져 결혼하였다. 게이츠는 멜린다가 '악의 화신'이라 부른 미성년 성매매자였던 제프리 엡스타인(2019년 8월 수감 중 자살)과 몇 번 어울렸고, 회사와 재단 내에서도 몇 건의 스캔들이 있었다. 그래서 2021년 5월 멜린다의 요청으로 이혼하였고 2024년 5월에 멜린다가 재단 공동의장직에서도 물러나면서 둘 사이의 관계가 완전히 끝났다.

게이츠는 재산의 많은 부분을 자선 활동에 쓴다는 점에서 다른 억만장자들과 구별된다. 그는 "막대한 부를 일군 부자들이 결국 자신의 이익이 아니라 사회를 위해 돈을 써야 한다는 생각을 갖기를 바란다"고 하였다. 그는 영생을 위해 몸을 냉동하거나 불로장생의 약을 만드는 데 관심이 없다고 하면서 "결핵과 말라리아가 여전히 창궐하고 있는데 자신의 영생을 추구하는 것은 이기적이다"고 하였다. 그는 "우리가 함께 일할 때 더 많은 문제를 해결할 수 있고, 모두가 성장할 수 있다"는 철학을 가지고 있다.

7. 평화와 공존공영 추구의 모델

우리 인류의 삶이 온전히 이뤄지기 위해서는 국가 간의 전쟁은 물론 인종 간의 갈등과 폭력을 종식시키고 재발을 방지함으로써 평화를 정착시키는 것이 무엇보다 중요하다. 그러나 이러한 중차대한 일을 수행하는 데는 수많은 난관과 고통이 수반된다. 기존 질서에서 이익을 얻는 세력들은 변화에 저항하며 폭력적인 수단을 써서라도 기존 질서를 유지하려 든다. 그렇다고 이러한 폭력에 폭력적으로 대응하면 더 큰 갈등과 폭력으로 비화하기 때문에 인내하면서 장기적인 시야를 가지고 대중의 비폭력적인 힘을 결집시키거나 점진적인 제도적 개혁을 통해 평화 정착을 시도해 나가는 것이 바람직하다. 우리는 이러한 역사적 사례를 지난 세기 두 차례 세계대전을 겪은 유럽이 통합을 진전시킨 것과 남아프리카공화국이 장기간의 인종차별정책을 철폐하고 평화국가로 재도약하고 있는 것을 통해 살펴볼 수 있다. 유럽에서의 전쟁을 방지하고 협력과 통합의 길로 나갈 수 있도록 주춧돌을 놓은 사람이 바로 로베르트 슈망(Robert Schuman, 1886~1963)과 장 모네(Jean Monnet, 1888~1979)이다. 넬슨 만델라(Nelson Mandela,

1918~2013)는 남아프리카공화국의 인종차별정책 폐지와 민주화 달성을 위해 기존 체제에 저항하여 27년간의 수감생활을 하였으며 남아공 최초의 흑인 대통령으로 선출되어 차별정책의 종식은 물론 국민 화해와 평화를 위해 크게 기여하였다.

장 모네는 로베르트 슈망보다 훨씬 오래 살아 유럽 통합의 진전에 좀 더 기여하고 말년에 회고록까지 남겨 잘 알려진 점을 고려하여 여기에서는 상대적으로 덜 알려진 로베르트 슈망에 대해 다루기로 한다. 로베르트 슈망의 아버지 장피에르 슈망(Jean-Pierre Schuman, 1837~1900)은 프랑스 로렌주의 작은 도시에서 태어나 프랑스 시민권을 갖게 되었다. 로렌 지역은 룩셈부르크와의 접경지대였는데 보불전쟁 후 알자스로렌 지역이 독일제국 영토로 편입되면서 독일 시민권자가 되었다. 슈망의 어머니인 외제니 두렌(Eugénie Duren, 1864~1911)은 룩셈부르크의 베템보르그에서 태어났는데 1884년 결혼을 통해 독일 시민권자가 되었다. 슈망은 부모의 국적에 따라 자연스럽게 독일 국적을 갖게 되었으나 제1차 세계대전 후 1919년 알자스로렌 지역이 다시 프랑스령이 되면서 프랑스 국적으로 바뀌었다. 슈망의 모어는 사실상 룩셈부르크어였지만 학교에서 프랑스어와 독일어를 배웠다. 슈망은 중등 교육을 룩셈부르크의 아테네 데 룩셈부르크에서 받았고 독일의 대학들에서 신학과 철학, 법 등에 대해 공부를 하여 법학 학위를 받았다.

어머니가 마차 사고로 죽은 후 슈망은 종교적인 삶에 귀의해야겠다는 생각을 하여 사도의 임무를 따르고자 노력하였으며 평생을 홀로 살았다. 나중에 변호사가 되었지만 신체적 건강이 좋지 않아 징집 대상에 포함되지 않았기 때문에 1차 세계대전 당시 대체복무로

병역의무를 대신 졌다. 전쟁(제1차 세계대전)이 끝난 후 프랑스 국적을 갖게 되면서 1919년에 32세의 나이로 모젤 지역 대표 의원으로 프랑스 정계에 입문하였나. 1940년에 파리가 독일에 점령당할 위기에 처하게 되어 필리프 페탱(Philippe Pétain, 1856~1951)에게 전권을 이양하는 데 찬성하면서도 나치 협력에는 반대하였다. 제2차 세계대전이 끝난 후 1946년에 재무부 장관을, 1947년부터 1948년 사이에 프랑스 총리를, 1948년부터 1953년까지는 외무부 장관을 역임하였다.

20~30년 사이에 두 번의 전쟁 참화를 겪은 슈망은 외무부 장관으로서 유럽에서 이러한 전쟁이 일어나는 것을 막기 위해서 어떻게 해야 하는지에 대해 심각한 고민을 하였다. 그 결과 1950년 5월 9일, 이른바 '슈망플랜(Schuman Plan)'을 발표하였다. 이것은 전쟁물자인 석탄과 철강 자원의 공동 관리를 통해 경제적 연대·협력을 강화함으로써 전쟁을 예방하고 함께 경제 번영을 이루자는 취지의 구상이다. 다음 해인 1951년 프랑스, 서독, 이탈리아, 벨기에, 네덜란드 룩셈부르크 등 6개국이 파리에서 앞으로의 유럽의 운명을 좌우할 제도적 기초를 마련한 유럽석탄철강공동체(ECSC: European Coal and Steel Community)조약을 체결했다. ECSC는 1952년 정식 출범했다. 이후 유럽경제공동체(EEC: European Economic Community)와 유럽원자력공동체(EURATOM: European Atomic Energy Community)도 ECSC의 컨셉에 기초하여 탄생하였으며 자유무역지대 설립, 관세 동맹, 단일 시장 형성 등을 통한 유럽공동체(EC: European Community)를 거쳐 지금의 유럽연합(EU: European Union)이 형성되었다.

5월 9일은 '유럽의 날'로 1950년 5월 9일 로베르트 슈망의 '슈망플랜' 발표를 기념하여 제정한 것이다. 이날은 1985년 이탈리아 밀라노에서 개최된 유럽정상회담에서 유럽의 날로 정한다고 선포했다. 슈망플랜 선언이 없었다면 오늘날 통합된 모습으로서의 유럽은 불가능했거나 지금보다 훨씬 늦어질 수밖에 없었다는 점을 인정한 것이다. 슈망은 독일 국적을 가진 적도 있어 독일에 대한 개인적인 애착이 있었고 통합 유럽 건설에 있어서 필수적인 독일 포용 정책을 펼치게 되었다. 무엇보다도 두 번의 세계대전의 참상을 직접 겪으면서 다시는 유럽에서 이러한 전쟁이 일어나지 않도록 제도적 기반을 마련해야 한다는 당시 유럽의 리더로서 고민하고 노력한 결과로써 '슈망플랜'이 발표되고 유럽석탄철강공동체(ECSC)가 성립되었던 것이다.

만델라는 1918년 7월 18일 남아프리카연방 트란스케이 움타타에서 코사족 부족장 헨리 가들라 음파카니스와 만델라(Henry Mgadla Mphakanyiswa Mandela, 1880~1928)와 그의 셋째 부인 패니 노카피 노세케니(Fanny Noqaphi Nosekeni, 1878~1968)의 아들로 태어났다. 그는 기독교인이던 어머니의 영향을 받아 감리교 계열 학교에 들어가 '넬슨(Nelson)'이라는 영어식 이름을 받으면서 이후 '넬슨 롤리랄라 만델라'(Nelson Rolihlahla Mandela)가 정식 이름이 되었다. 16세 때 성인식을 치른 뒤 얻은 이름 달리붕가(Dalibhunga)는 '새로운 권력자'를 뜻했다.

만델라의 아버지가 일찍 죽자, 만델라의 어머니는 템부족 족장인 욘긴타바 달린드예보(Jongintaba Dalindyebo)에게 아들을 후계자로 삼아달라고 부탁하였고, 이후 만델라는 음케케즈웨니에서 달린드예보 부부의 양자처럼 살아갔다. 만델라는 학업을 계속했지만 대부분 흑인을 비하하는 내용이었는데, 달린드예보로부터 아프리카의 진정한 역사에 대해 듣고 흑인들을 위해 살아가기로 결심하였다. 특히 후견인인 달린드예보가 추장으로서 재판을 진행하며 진실을 밝히는 것을 보고 감명을 받았는데, 이후 법률가가 되기를 꿈꾸며 1939년에 포트헤어 대학(University of Fort Hare)에 입학하였다. 여기서 만델라는 평생의 동지가 된 올리버 탐보(Oliver Tambo, 1917~1993)를 만났고 그 후 본격적으로 주체적인 삶을 살아가기 시작했다. 그러나 이곳의 면학 분위기가 형편없고 차별 역시 심하여 알렉산드리아로 가서 학업을 계속하였다.

만델라는 알렉산드리아에서 나중에 남아공 민주화 운동을 함께 이끌게 될 동지 월터 시술루(Walter Sisulu, 1912~2003)를 만났다. 시술루에게서 아프리카 민족회의(ANC, African National Congress)는 물론 변호사 사무소 보조 일을 소개받고, 변호사로서의 업무를 시작하게 되었다. 이 법률사무소는 ANC의 취지에 공감하는 유대인이 운영했기 때문에 만델라에게는 여러 가지로 도움이 되었다. 만델라는 이후 법률 공부와 활동을 계속하는 동안 절친 탐보와 재회했고, 시술루와 셋이 ANC를 이끌며 남아공 정권의 악명 높았던 인종차별 정책(Apartheid, 아파르트헤이트)에 맞서 투쟁활동을 벌였다. 만델라는 간디의 비폭력 무저항주의를 받아들여 평화적으로 투쟁하고자 했으며, 1952년에는 탐보와 남아프리카공화국 최초의 흑인 법률사무소를 개소하기도 했다.

남아공 정권이 친영국파인 연합당에서 반영국파인 국민당으로 넘어가면서 본격적인 아파르트헤이트 시대가 시작되었다. 이러한 상황에서 1960년 3월 21일 샤프빌 학살(Sharpville Massacre) 사건에서 경찰이 시위대에게 무차별 총격을 가하는 모습을 보고 만델라는 무장투쟁의 필요성을 절감하였다. 만델라가 지하투쟁론을 제기하자 ANC 내부에서도 의견이 갈려 비폭력을 유지하자고 주장했던 앨버트 루툴리(Albert Luthuli, 1898~1967)의 의견에 따라 ANC의 법적 근거 및 대외적인 우호적 여론을 위해 독립적으로 운영하기로 하였다. 그리하여 만델라는 1961년에 무장투쟁 조직인 '민족의 창(uMkhonto we Sizwe, 약칭 MK)'을 결성하였다. ANC에는 백인이 참여할 수 없었지만, MK는 진보 계열의 백인들도 받아들였다. 이후 남아공 정부를 상대로 사보타주와 테러를 벌였지만, 활동 자금이 부족해서 만델라는 영국을 비롯한 여러 국가들의 지원을 받기 위해 해외를 돌아다니기도 하였다.

그러나 결국 만델라는 당국에 체포되어 종신형을 선고받고 무려 27년 동안 투옥되었는데, 로벤 섬에 18년을 있었고 이후 일정 기간은 국제 여론에 압력을 받은 남아공 정부에 의해 교도소가 아닌 교도관의 집에서 보내게 되었다. 이러한 장기간의 수감생활 동안 자식들을 제대로 보지 못했을 뿐만 아니라 모친과 맏아들이 사망했을 때 장례식에 참석하지도 못했다. 만델라는 수감생활 속에서도 남아공 대통령들에게 편지를 쓰거나 ANC 회원들과 연락을 하였고 교도소 환경을 개선시키는 투쟁을 벌이기도 하였다. 그가 수감되어 있는 동안 남아공의 흑인들과 해외 인사들이 석방운동을 줄기차게 벌였고, 1988년 영국 런던 웸블리 스타디움에서 에릭 클랩튼과 스티비 원더 등 유명 뮤지션 83명이 만델라의 70세 생일 기념 콘서트를 열어 석방을 촉구했다.

1990년 국내외 여론의 압박이 심해지자, 남아공의 데 클레르크(Frederik Willem de Klerk, 1936~2021) 대통령은 ANC의 합법화를 발표하고 만델라를 석방하였다. 이후에 남아공 정부와 각 정당들이 협상을 벌여 1991년에 아파르트헤이트를 철폐시켰고, 1993년에는 흑인들에게도 투표권을 부여하는 법안을 통과시켰다. 이로써 그해 말 클레르크 대통령과 만델라는 노벨평화상을 수상하였다. 흑인들에게 첫 투표권이 주어진 1994년 총선에서 ANC가 과반을 훨씬 넘는 의석을 확보하여 국민당, 잉카타 자유당과 거국정부를 구성함으로써 만델라가 남아공 최초의 흑인 대통령으로 당선되었다.

만델라가 대통령이 되자 백인들은 보복이 두려워 해외망명을 준비하기 시작했다. 그러나 만델라는 '진실과 화해 위원회'를 구성하여 과거의 인권침해 범죄에 대한 진실을 밝혔지만 사면해주었다. "용서는 하되 잊지는 않는다"라는 슬로건 아래 과거사 문제로 단 한 명도 처벌하지 않았고, 남아공의 위기를 백인과 흑인이 함께 해결해 나가야 한다고 강조했다. 만델라는 1999년 민주화 투쟁의 동지였던 고반 음베키의 아들 타보 음베키(Thabo Mvuyelwa Mbeki, 1942~)에게 대통령 자리를 넘겨주고 퇴임했다. 충분히 대통령을 더 할 수도 있었는데도 단임으로 깔끔하게 권력의 자리에서 물러난 것도 대부분의 권력자들과 다른 훌륭한 면모였다고 할 수 있다. 만델라는 2009년부터 노환으로 병세가 완연해졌고 2013년 12월 5일 요하네스버그에서 95세 나이로 타계했다.

만델라는 우리나라에도 1995년과 2001년 두 차례 방문하였다. 첫 방문 시에는 서울대에서 명예 철학박사 학위를 받았고, 두 번째 방문 때는 김대중 대통령과 공동 기자회견을 가지기도 하였다. 김대

중과 만델라는 상당히 각별한 사이였다. 김대중의 1997년 대선 출마 시 만델라는 자신의 딸을 통해 27년 교도소 생활을 같이 해온 한 낡은 시계를 선물하였다. 김대중은 답례로 독재의 탄압을 받던 시기에 20여 년간 사용했던 낡은 가방을 선물하였다. 또한 김대중은 만델라의 자서전을 번역했고 김대중이 서거하자 만델라 재단에서는 애도의 메시지를 보내기도 했다. 만델라와 김대중 간에는 1970~80년대 민주화 운동과 감옥살이, 해외 망명, 반대파의 극심한 탄압, 정적 용서, 노벨평화상 수상 등 공통점이 많아 어떤 국내 언론 및 외신에서는 김대중을 '아시아의 만델라'라고 칭하기도 하였다.

제 4 부
앞으로 어떻게 살 것인가

1. 미래 사회 모습과 지향해야 할 삶의 양식은

AI가 일상화되고 노벨상의 영역에서까지 인정받고 있다. 2024년 노벨물리학상은 인공신경망을 이용한 기계학습(머신러닝) 기반을 구축한 프린스턴 대학교 존 홉필드 교수와 토론토대학교 제프리 힌턴 교수가 수상하였다. 노벨화학상은 AI를 기반으로 단백질 구조와 기능을 예측하고 설계하는 소프트웨어를 개발한 워싱턴대학교 데이비드 베이커 교수와 구글 딥마인드의 데미스 허사비스 대표 및 존 점퍼 수석연구원이 받았다. 이러한 AI와 신기술이 확산되면 AI와 로봇이 단순하고 반복적인 업무를 대체하면서 생산성이 증가하고, 일부 직업이 사라지는 반면 창의력, 감성적 소통 등이 중시되는 새로운 직업군이 생겨날 것이다. AI가 빅데이터를 활용하여 교육, 쇼핑, 맞춤형 의료, 엔터테인먼트 등을 제공할 것이며 자율주행과 스마트시티가 활성화될 것이다. 이러한 것들은 예시에 불과하고 AI 기술이 더욱 고도화되면 우리가 현 단계에서 예측하지 못하는 수많은 경제적 또는 비경제적 효과들이 나타날 것이다.

AI 및 새로운 기술이 발전함에 따라 우리에게는 과거보다 더 많은 선택지와 더 높은 수준의 자유가 주어지게 된다. 이와 더불어 기술 분야의 변화는 우리 인간의 일상과 사회의 근본적 규범에 거대한 변화를 가져온다. 기술은 윤리를 바꾸고 오래된 믿음들을 향해 문제를 제기할 뿐만 아니라 더 이상 개선될 여지가 없는 제도들을 뒤엎게 된다. 급격하게 발전하는 기술은 우리의 삶을 더욱 투명하게 드러내고 있으며 우리 인간의 윤리적 행동과 비윤리적 행동을 가르는 기준에 대한 우리의 생각을 바꿀 것이다.

UN에서는 한 나라의 65세 이상 노인인구가 7%를 넘으면 '고령화사회'(Aging Society), 14%를 넘어서면 '고령사회'(Aged Society), 20%를 넘으면 '초고령사회'(Super-aged Society)로 분류하고 있다. 우리나라는 지난 2000년에 노인인구가 7.2%를 차지하여 고령화사회로 진입한 후, 2017년에 고령사회가 되었으며, 8년 만인 2024년 말에 초고령사회로 진입하였다. 우리나라 고령화 속도는 선진국 어느 나라보다도 빠르다. 고령화사회에서 고령사회로 진입하는데 소요된 기간, 즉 노인인구 비율이 7%에서 14%로 두 배가 되는 기간이 프랑스는 115년, 미국 73년, 독일 40년, 일본 24년이었던 것과 비교하여 우리나라는 17년에 불과하다. 초고령사회 진입도 프랑스는 39년, 독일 37년, 미국 21년, 일본 12년인 것에 비해 우리나라는 8년밖에 걸리지 않았다. 이것은 향후 우리나라의 고령화 속도가 더욱 빨라질 것이라는 것을 말해 주고 있다. 우리 사회가 이러한 초고령사회에 제대로 대비하고 있는지 다방면의 점검을 하고 대응책을 신속하게 강구하는 것이 필요한 이유다.

이러한 고령화 속도를 빠르게 만드는 데는 줄어드는 출생 인구수가 큰 몫을 차지하고 있다. 우리나라는 1970년에 100만 명이 출생한 것과 비교할 때, 1980년에는 86만 명, 1990년에는 64만 9천 명, 2000년에는 64만 명, 2010년에는 47만 명으로 줄었고, 2017년 35만 명, 2019년 30만 명에 이어 2020년에는 27만 명, 2024년에는 24만 명으로 줄어들었다. 1970년에 비해 출생 인구수가 4분의 1로 줄어든 것이다. 이러한 저출생과 저출산은 경제적, 사회적, 문화적으로 얽힌 여러 가지 복합적 원인에 의해 발생하고 있다. 저출생의 가속화는 노동력 부족, 소비 및 세수 감소 등의 경제적 문제를 일으키고 무엇보다도 위에서 언급한 우리 사회의 고령화 속도를 가속시킨다. 지금의 추세로 간다면 우리나라는 경제 규모의 축소와 국력의 쇠퇴는 물론 장기적인 국가 소멸의 단계로까지 나아갈 위험이 매우 크다. 따라서 국가 사회적으로 전방위적인 전략과 대책을 시급히 강구해야만 한다.

우리가 살고 있는 지구는 온난화와 환경문제로 몸살을 앓고 있다. CO2, 메탄 등 온실가스의 증가로 지구의 평균 기온이 상승하는 지구온난화(Global Warming)로 인해 이상기후, 빙하 감소, 해수면 상승, 생태계 변화 등 환경문제가 심각해지고 있다. 기후 변화로 인해 폭염, 가뭄, 태풍 등이 극단적 형태로 나타나고 있으며 바다가 플라스틱 쓰레기로 덮이고 산성화되면서 해양생태계가 위협받고 있다. 무분별한 벌목과 개발로 산림이 파괴되어 탄소흡수량이 감소하고 있으며 멸종 위기종의 증가 등 생물 다양성 감소로 생태계 균형이 붕괴되어 가고 있다. 이러한 추세가 계속되면 우리 지구는 사람과 생물이 살 수 없는 곳으로 변할 것이고 이것은 지구의 종말이자 인류의 소멸로 이어질 것이다. 따라서 더 늦기 전에 우리가 할 수 있는 모든 노력을 다해야 한다.

위에서 언급했듯이 향후 펼쳐질 미래는 엄청난 변화와 어려움을 우리 인류에게 안겨 줄 것이다. 그럼에도 불구하고 역사를 통해 보아왔듯이 우리 인간은 그 모든 것을 극복하며 새로운 역사를 만들어갈 것이다. 그러한 우리 인간의 인생 자체를 하나의 긴 여행이라고 볼 때 터키의 혁명 시인 나짐 히크메트(Nazim Hikmet, 1902~1963)의 옥중시 〈진정한 여행〉은 우리에게 시사하는 바가 크다.

가장 훌륭한 시는 아직 쓰이지 않았다.
가장 아름다운 노래는 아직 불리지 않았다.
최고의 날들은 아직 살지 않은 날들
가장 넓은 바다는 아직 항해되지 않았고
가장 먼 여행은 아직 끝나지 않았다.

이 시는 지금까지 인류가 만들어온 역사가 대단한 것이지만 향후 우리는 물론 미래 세대가 엮어갈 역사는 더욱 찬란할 것이라는 믿음을 담고 있다고 볼 수 있다. 우리 자신이 앞으로 살아갈 날에 성취할 수 있는 최고의 것들, 우리의 아들과 딸, 그리고 미래 세대가 성취할 수 있는 최고의 것들에 대한 찬사라고 해야 할 것 같다. 인류는 여러 난관과 좌절에도 불구하고 역사에는 희망적인 방향이 있고 인간으로서 사는 일이 나아진다고 믿어 왔던 것이다.

우리 인간은 세상을 살아가면서 자신의 세계를 형성한다. 우리 각자가 형성한 세계는 서로 교집합을 이루는 부분도 있고 각자의 고

유한 영역도 있다. 우리가 서로 부딪치지 않으려면 다른 사람의 세계를 인정해 주고 공감해 주는 것이 필요하다. 여기에서 중요한 것이 상상력을 발휘하여 내가 형성한 세계를 뛰어넘어 다른 사람의 세계로 들어가야 한다는 것이다. 우리가 갖는 희망에 기반한 꿈은 상상력에 날개를 달아주고 또 다른 삶과 세계가 가능하다는 것을 상기시켜 준다. 이러한 상상력은 과거에 집착하고 현재에 매여 있는 우리의 세계로부터 벗어나 미래의 새로운 세계를 형성해 나갈 수 있는 통로가 된다.

급격하게 변화하는 미래 사회에서 제대로 살아가려면 신체적 건강을 잘 유지하면서 보다 중요하게는 정신적 창의성을 키워나가야 한다. 어린이들은 그 자체로서 창의성이 넘쳐 난다. 그들은 간단한 장난감으로도 다양한 상상 속에서 놀이를 하며 쉼 없이 깔깔거린다. 칼 융(Carl Gustav Jung, 1875~1961)은 사람이 어린이들처럼 환상 속에서 놀이를 할 수 없으면 창의성은 잠자고 있는 것과 같다고 하였다. 이 말은 놀이하는 어린이들처럼 순수하게 감탄하고 경이로움을 느끼지 못한다면 창의성은 깨어나지 못한다는 뜻이다. 따라서 우리가 정신적으로 살아 있으려면 어린이들처럼 순수한 감탄과 경이로움을 느끼면서 우리 안의 창의성을 깨우는 노력을 배가시켜야 할 것이다. 새로운 것을 즐기고 싶으면 어린이들처럼 항상 귀와 눈을 잘 열어 잘 듣고 세밀히 관찰해야 하며 상상의 나래도 펼쳐야 한다. 나아가 도처에서 솟아오르는 궁금증으로 무수한 질문들을 던져야 한다. 창의적인 생각은 이러한 질문들에서 시작된다.

우리 인간의 상상력은 창의성의 원천이다. 이러한 상상력을 키우려면 위에서 언급했듯이 어린아이처럼 호기심을 가지고 끊임없이 질문해야 한다. 이러한 호기심을 자극하고 질문을 이끌어내기 위해서는 텍스트로 된 책을 읽고 생각을 하며 상상의 나래를 펼쳐야 한다. 텍스트로 된 책을 읽을 때 우리 인간의 뇌는 문맥을 파악하고 스토리를 이해하기 위해 활발하게 작동한다. 반면에 우리가 TV나 유튜브를 시청할 때 우리의 뇌는 수동적으로 받아들이기만 하면 되기 때문에 텍스트를 읽을 때처럼 활발하게 움직일 필요가 없다. 그래서 TV가 그동안 '바보상자'라고 불려 왔다. 이러한 측면에서 우리의 아이들이 TV는 물론 유튜브나 넷플릭스에 빠져 지내는 것은 뇌의 발달과 상상력 개발에 치명적일 수 있다. 어린아이는 신체적 발육을 위해 맘껏 뛰어놀게 해 주고, 호기심과 상상력 발달을 위해 텍스트로 된 책을 실컷 읽게 해 주는 것이 매우 중요하다. 어린아이들의 20~30년 후의 경쟁력 차이는 상상력과 창의성의 차이, 즉 텍스트로 된 책을 얼마나 많이 읽고 생각을 많이 했느냐의 차이에 의해 좌우될 것이다. 정도의 차이는 있겠지만 어른의 경우도 마찬가지다. 어른도 두루두루 책을 읽으면서 생각을 많이 하고 상상력과 통찰력을 키워나가야 한다. 반면에 예를 들어 어떤 유튜브 동영상을 시청하면 알고리즘에 의해 관련된 동영상이 지속적으로 제공됨으로써 나도 모르게 그 한 가지에 꽂히는 확증편향이 강화되어 무서운 '꼰대'가 된다.

에리히 프롬(Erich Fromm, 1900~1980)은 『소유냐 존재냐(To Be or To Have)』에서 삶의 양식을 소유양식과 존재양식 두 가지로 나눈다. 소유양식은 삶의 목표를 소유에 두어 소유를 많이 한 만큼 삶이 풍요롭고 행복해질 수 있다는 것으로 자본주의 사회에서 일반적으로 추구되는 삶의 양식이다. 존재양식은 인간의 정신적인 잠재력을 충분히 실현하면서 여기에서 행복을 느끼는 삶의 양식이다. 즉 인간이 가지고 있는 정신적 잠재력인 사랑, 지혜, 그리고 예술적 창조능력 등을 실현하는 삶을 추구하는 것이다. 여기에서 프롬은 존재양식의 삶이란 인간이 지니고 있는 자기애와 자만을 극복한 삶이라고 강조한다. 프롬의 관점을 우리 일상생활의 소비와 연결시켜 본다면 어떤 것을 소유하기 위한 소비보다 기부를 하거나 사람들과의 관계나 경험을 위한 소비를 했을 때 더 지속적인 행복감을 느끼고 나름 가치 있는 행동을 했다고 생각하게 된다.

프롬에 따르면 인간은 동물과 달리 본능보다 사유능력이 강화되어 고독감과 무력감, 허무감을 느끼는 상황에 처하게 되었고 이로 인해 자살에 이르게 되는 경우가 많이 발생한다. 즉 인간은 외로워서, 혹은 자신이 보잘것없는 무력한 존재로 느껴져서, 자신의 삶에 의미가 없다고 생각해서 자살을 한다. 그래서 인간은 고독감에서 벗어나기 위해서 결합과 합일에의 열망을, 무력감에서 벗어나고 싶어 초월과 창조에의 열망을, 그리고 허무감에서 벗어나고 싶어 삶의 의미를 찾는 열망을 갖게 된다. 프롬은 이러한 열망들이 식욕이나 성욕 같은 본능적인 욕망보다 훨씬 강하게 인간 삶에 영향을 미친다고 본다. 인간이 식욕이나 성욕이 충족되지 못했다고 자살하는 경우는 없고 위에서 말한 고독감, 무력감, 허무감에 의해 자살하는 경우가 대부분이다. 그러므로 우리가 존재양식의 삶을 통해 결합과 합일에의 열망, 초월과 창조에의 열망, 삶의 의미를 찾는 열망 등을 갖게 됨으로써 진정으로 가치 있고 행복한 삶을 영위할 필요가 있다.

우리는 어떤 사회나 조직에 속해 살아가면서 그 규범이나 지시를 아무런 생각 없이 실행에 옮기게 된다. 우리가 거대 기계의 하나의 부품처럼 움직이고 있는 셈이어서 대부분 별다른 문제가 없이 지나가게 된다. 그러나 나치와 같은 파시즘 체제에서 내려오는 국가의 명령, 사실은 독재자나 그 하수인들의 명령에 따라 어쩔 수 없이 체념 속에서 움직이는 경우에는 엄청난 문제를 자아내게 된다. 600여만 명의 유대인 학살이 이러한 환경과 구조에서 많은 독일 국민의 참여하에 이루어졌다. 이 유대인 학살의 주범 중의 하나가 아이히만(Otto Adolf Eichmann, 1906~1962)이다. 그는 1960년대 초반 이스라엘 법정에 세워졌는데 악의에 차 있는 잔혹한 인물이 아니라 지극히 평범한 관료였다. 아이히만은 관료로서 최선을 다한 것일 뿐 학살에 책임이 없다고 주장하였다. 그러나 한나 아렌트(Hannah Arendt, 1906~1975)는 『예루살렘의 아이히만(Eichmann in Jerusalem)』이라는 책을 통해 그에게 무사유(sheer thoughtlessness)의 책임을 부과하였다. 그녀는 더불어 사는 사회에서 '사유'는 하지 않아도 되는 권리가 아니라 반드시 수행해야 할 의무라고 보았다. 이 책의 부제는 '악의 평범성에 대한 보고서'(A Report on the Banality of Evil)인데 우리가 근면 성실하게 내 할 바를 다하고 있다고 자부하며 사유의 의무를 방기하고 있는 것은 아닌지 돌아보아야 할 것 같다. 그렇지 않으면 나름 열심히 산다고 생각하며 자기도 모르는 사이에 스스로가 무덤덤한 채로 악을 행하고 있을 수 있기 때문이다.

어떤 바람직한 가치와 지향점도 없이 맹목적으로 분주하기만 한 오늘날의 사람들의 모습에 대해 장자의 다음과 같은 말은 여러 가지 시사점을 던져 준다. "옛날에 자신의 그림자를 무서워해서 그 그림자로부터 벗어나기 위해 미친 듯이 뛰어다닌 사람이 있었다. 그는 결국 그 그림자로부터 벗어나지도 못하고 심장이 터져 죽어버렸다. 시원한 나무 그늘 아래서 잠시 앉아 쉬면 되었을 것을.” 18세기 산업혁명 이후 자본의 영향력이 지속적으로 확대되고 소유와 소비가 개개인의 중심 가치로 자리 잡게 되면서 인간 개인이 열심히 돈을 벌어 소유하고 소비하는 삶은 결과적으로 자본주의 체제를 더욱 공고히 해 주는 셈이 되었다. 이러한 측면을 제대로 인식하지 못하고 살아가고 있는 것이 우리 인간의 현재 모습이다.

성숙한 인간은 자신의 도덕적 판단에 의지해 행동할 용기가 있을 뿐만 아니라 자기 삶의 주인이 되고 자기가 속한 사회에 보탬이 되겠다는 책임의식을 갖는다. 아렌트는 인간이 ‘내가 해야 할 일이 무엇인가’를 스스로에게 묻지 않기 때문에 생각을 하지 않게 된다고 보았다. 아렌트는 이렇게 인간이 생각하지 않고 도덕적 질문을 통해 자신에 대한 성찰을 하지 않을 때 악은 우리의 일상에 항상 존재하게 된다고 하였다. 생각하지 않은 사람들이 다수인 사회는 악이 도처에 도사리고 있게 되고 근본적으로 바뀔 수 없게 된다. 그래서 푸코(Michel Foucault, 1926~1984)는 이러한 사회가 진정으로 바뀌기를 원한다면 우리 시대와 사회에 대한 비판적인 태도를 갖는 것이 중요하다고 하였다. 칸트(Immanuel Kant, 1724~1804)의 말대로 인간이 자유롭게 사고할 때 자유롭게 행위를 할 수 있으며, 푸코의 언급대로 인간은 다르게 생각할 때 다르게 행동할 수 있다. 따라서 우리는 이 사회에서 당연시 여겨지는 것을 그대로 수용하지 말고 언제나 자유롭게 그리고 다르게 생각하고 비판적인 태도를 견지하며 변화와 발전 가능성을 찾아야 하는 것이다. 우리 시대에 대한 책임은 바로 우리의 것으로 당대에 대한 우리의 비판적 시선은 그 책임의 출발이다. 이러한 책임지는 자세는 성숙한 사회의 개개인이 갖추어야 할 덕목이다. 이러한 개개인의 성숙에 기반하여 한 사회의 대중집단이 성숙해질 때 AI 및 신기술과 이에 따른 새로운 가치관에 의해 급속한 변화를 겪게 될 미래 사회를 보다 인간다운 것으로 만들어갈 수 있을 것이다.

2. 개인을 뛰어넘어 산다는 것과 진정한 애국이란

다산 정약용(丁若鏞, 1762~1836)은 18년 유배기간 동안 철학, 역사, 과학, 의학 등 분야의 500권이 넘는 저서를 남겼다. 이 저서들의 공통점은 조선이 얼마나 부패하고 타락했는지를 지적한 것이다. 정약용은 그에 그치지 않고 분야별로 원인을 진단하고 대응방안까지 제시하였다. 다산에게 장기간의 유배가 없었다면 이러한 역작들을 이렇게 많이 낼 수 있었을까 하는 생각이 든다. 아마도 불가능하였을 것이다. 왜냐하면 조정의 어떤 관직을 맡게 되면 그 일을 처리하는 데 시간을 대부분 쓰게 되고 당시 같으면 당쟁으로 인해 여유 있게 생각을 정리하고 저서를 집필할 상황은 전혀 아니었기 때문이다. 몽테뉴(Michel Eyquem de Montaigne, 1533~1592)도 37세에 법관직에서 은퇴하고 외딴 탑 건물에 칩거하면서 그 유명한 에세이 『수상록』을 집필하였다. 따라서 우리가 자신만의 어떤 일을 기획하고 그 목표를 달성하기 위해서는 어떤 형태로든 자신을 일정기간 유배시킬 필요가 있다. 나는 직장 생활을 하면서 두 개의 박사학위를 취득하였는데 박사학위 논문을 쓸 때는 직장 근처에 오피스

텔 방을 얻어 근무시간 후에는 나 자신을 그곳에 유폐시켜 연구와 집필에 몰두함으로써 논문을 마무리 지을 수 있었다.

우리가 한 차원 높은 의미 있는 삶을 살려고 하면 기존에 우리를 가두어 왔던 인식의 틀을 깨뜨리고 그 지평을 넓혀야 한다. 헤르만 헤세의 『데미안』에 나오는 '새는 알을 깨고 나오려 힘겹게 싸운다. 알은 세계이다. 태어나려고 하는 자는 세계를 깨뜨려야 한다'는 말이 바로 그러한 의미다. 우리를 지배하고 있는 기존의 세계관은 우리에게 명확한 기준을 제시해 주고 편안하게 삶을 영위하게 해 준다. 그러나 우리를 둘러싼 세계는 끊임없이 변화하고 있기 때문에 기존 세계관에 머물러서는 우리가 퇴보하게 되는 것은 물론 소위 '꼰대'로 취급되며 거추장스러운 존재로 전락하게 된다. 기존 세계관을 허물고 새로운 세계관을 정립하는 데는 지난한 노력과 고통이 따른다. 그래서 대부분의 사람들이 기존 세계관에 머물다가 새로운 세계관으로 무장한 사람들에게 어쩔 수 없이 자리를 내어주며 끝내 사라지고 만다. 우리 인간이 의미 있는 성취감을 맛보려면 그에 상응하는 노력을 해야 한다. 이를 고통으로 표현한다면 우리는 고통을 통해서 진정한 행복감을 맛보게 된다. '가시밭길을 걷고 칼날 위에 서는 데서 정의를 위하여 자기가 싸운다는 통쾌한 느낌을 얻을 것이다'고 만해 한용운이 〈고난의 칼날에 서라〉에서 읊은 의미가 바로 그것이다. 또한 이러한 삶을 우리가 청춘의 삶이라고 본다면 사무엘 울만이 78세 때 쓴 〈청춘〉이라는 시가 이에 걸맞게 노래하고 있다.

청춘이란 두려움을 물리치는 용기
안이함을 뿌리치는 모험심

그 탁월한 정신력을 뜻하나니
때로는 스무 살 청년보다 예순 살 노인이 더 청춘일 수 있네.
영감이 끊기고
정신이 냉소의 눈(雪)에 덮이고
비탄의 얼음(氷)에 갇힐 때
그대는 스무 살이라도 늙은이가 되네.
그러나 머리를 높이 들고 희망의 물결을 잡는 한
그대는 여든 살이어도 늘 푸른 청춘이라네.

앞에서 살펴보았듯이 사마천은 『사기(史記)』를 집필하던 중 보병 5천으로 분전하다가 흉노족 8만 명에게 포위당해 항복한 이릉(李陵) 장군을 변호했고 이로 인해 한 무제의 노여움을 사 옥에 갇히고 사형을 선고받았다. 그가 선택할 수 있는 길은 그대로 사형에 처해지거나 50만 전을 내고 서민으로 풀려나거나 남자의 상징을 제거하는 궁형을 받는 것이었다. 사마천은 필생의 저작을 완성하기 위해 굴욕적이고도 고통스러운 궁형을 선택하였다. 48세에 투옥되어 49세에 궁형을 자청하고 50세에 풀려날 때까지 약 3년을 감옥에 있었는데 아무도 변호해 주지 않았고 부자인 친구들도 50만 전을 내 주지 않았으며 심지어 면회 오는 사람도 없었다. 사마천은 감옥에 있는 동안 인간의 마음과 본질, 권력의 속성 등에 대해 생각하고 또 생각하였다. 어떤 군주가 바람직한 군주이고 누가 역사를 이끌어 가는지에 대해 깊게 성찰하였다. 사마천은 세상의 모든 사안들을 뒤집어 보고 새로운 시각에서 접근함으로써 보다 총체적인 역사관을 정립하게 되었다. 그리하여 사마천은 아주 당당한 자세로 당대에 자신에게 궁형을 받게 한 무제를 가차 없이 비판하고 한고조(漢高祖) 유방(劉邦, BC 247~195)에 대해서도 비판의 칼을 들이댈 수 있었다.

유럽의 역사와 문명이 발전해 오는 데 있어 근원적인 동력으로 무엇이 작용했을까 생각해 보면 다양한 시각에서 여러 가지를 예로 들 수 있겠지만 필자는 그 근원으로 '자유'를 제일 먼저 떠올린다. 고대에는 자연의 위협으로부터의 자유를 추구했고 중세에는 신과 사제 권력으로부터의 자유를 추구했다. 근대에는 왕권이나 전제권력으로부터의 자유를 추구해 새로운 정치체제는 물론 자본주의 체제를 형성하였다. 유럽에서 시작된 자본주의가 만연한 오늘날에는 자본으로부터의 자유를 추구하지만 벗어나기가 거의 불가능한 지경에 이르렀다. 그렇더라도 우리는 지속적으로 '자유'를 향한 여정을 추구해야 한다. 이것이 인류의 역사와 문화를 발전시켜 온 근원적인 동력이기 때문이다. 그렇다면 우리는 어떤 자세로 살아야 할까. 『그리스인 조르바』의 저자 니코스 카잔차키스(Nikos Kazantzakis, 1883~1957)의 묘비에 쓰인 다음의 묘비명이 참고가 될 수 있을 것 같다.

아무것도 바라지 않는다
나는 아무것도 두렵지 않다
나는 자유다

1492년에 유럽이 신대륙에 발을 들인 이후 거기서 생겨난 막대한 부를 바탕으로 산업혁명이 가능했고 이를 기반으로 유럽이 세계사의 중심으로 부상하였다. 이후 유럽인들은 유럽 이외의 '타자'(他者), 즉 이슬람이나 중국 등의 비유럽 세계를 은폐하고 폄하해 왔다. 이렇게 유럽인들이 자기중심적 시각에서 동양이나 기타 지역에 대해 갖는 편견을 에드워드 사이드(Edward W. Said, 1935~2003)가 고안한 학술적인 용어로 '오리엔탈리즘'(Orientalism)이라고 하는데 유럽의 침략과 지배를 정당화해주는 이데올로기로 작용하였다. 더 큰 문제는 비유럽 지역이 유럽식 근대화를 추구하면서 자신도 모르게 서구중심주의에 물들어 내적으로 오리엔탈리즘이 깊이 자리 잡아 스스로를 긍정하지 못하고 비하하는 행태가 만연되어 있다는 점이다.

우리나라는 전근대 시기에는 중국 중심의 '사대주의', 즉 '전근대 아시아적 오리엔탈리즘'에 매몰되어 있었다면, 근대 시기에는 일찍이 서구적 근대화를 달성한 일본의 식민지가 되면서 일본을 최고로 여기는 '친일'이라는 형태의 오리엔탈리즘이 횡행하였다. 해방 후에는 초강대국인 미국 중심의 '친미'라는 새로운 형태의 오리엔탈리즘이 깊게 뿌리를 내리고 있다. 해방 후 '친일'이라는 오리엔탈리즘을 제대로 청산하지 못한 결과 최근으로 올수록 '식민지 근대화론' 같은 '친일적 오리엔탈리즘'이 다시금 고개를 쳐들고 있는 형국이다.

개인이나 기업, 국가 모두 어떤 목표를 가지고 달려들어 그것을 달성하기 위해 노력함으로써 성과를 내게 된다. 설령 실패하더라도 그 과정과 경험을 통해 배우고 다음의 도약을 위한 기반을 닦게 된다. 고 정주영 회장이 직원들에게 "해보기나 했어?"라고 한 말은 이러한 성공의 본질을 꿰뚫어 본 것이라고 볼 수 있다. 우리에게 유한한 시간이 주어져 있고 어떤 시도를 하건 안 하건, 시간은 흘러가기 때문에 결과적으로 시도하지 않으면 성공할 수 있는 기회를 스스로 차버리는 것이나 다름없다.

위에서 정주영 회장을 언급하다 보니 우리나라 기업들에 대한 정당한 평가가 제대로 이루어지고 있지 않은 것 같아 여기서 몇 마디 하고자 한다. 내가 정부 부처에서 공무원으로 오랫동안 근무했고 퇴직 후에도 관련 기관에서 근무하고 있다 보니 나름 국가사회에 기여하고 있다는 생각이 들기도 한다. 그러나 냉정히 따져 보면 내가 실질적으로 국가 발전에 기여한 것은 거의 없다. 군인, 경찰, 공무원 등의 직업은 국방 및 질서유지, 행정 등에 있어 일정한 역할을 하고 있지만 실질적으로 국부를 늘린다거나 하는 데는 거의 기여를 못하는 것도 사실이다. 그런 의미에서 기업가들은 기업을 창업해서 고용을 창출하고 제품 및 서비스 제공을 통해 사회경제적 활동이 활발히 이루어지게 함으로써 국부를 늘려 국가 발전에 크게 기여한다. 따라서 진정한 애국은 이러한 기업가들이 하고 있는 것이다. 삼성의 이병철 회장이나 이건희 회장의 선견지명과 탁월한 리더십에 의해 글로벌 기업이 되고 우리나라가 반도체 강국이 되게 한 것은 진정한 애국의 표상이다. SK의 최종현 회장은 기업을 크게 성장시키고 이를 바탕으로 장학 사업을 벌이고 한국고등교육재단을 설립하여 인재 양성의 모범을 보였다. 정주영 회장은 뚝심 있는 리더십으로 현대조선 등의 신화를 창조하였고 LG의 구인회 회장 등은 인화라는 경영이념을 바탕으로 가전신화를 일구어내었다. 위의 삼성, 현대, LG, SK 등이 현재 우리나라 경제의 40% 정도를 차지한다고 하니 이들 기업들이 없었으면 우리나라가 과연 선진국 대열에 들어설 수 있었을까. 이외에도 여기서 거론하지 못한 수많은 대기업, 중견기업, 중소기업, 벤처기업을 창업해서 이끄시는 모든 분들이야말로 우리가 칭송하고 아끼고 지원해야 할 진정한 애국자인 것이다.

18세기 후반의 세계 최고의 선진국은 당시 중국을 지배하고 있던 청(淸)나라였다. 그 선진국의 면모를 연암 박지원(燕巖 朴趾源, 1737~1805)의 『열하일기(熱河日記)』를 통해서 살펴볼 수 있다. 이 열하일기는 압록강을 건너서 산해관(山海關), 연경, 열하, 연경으로 이어지는 여정 속에서 매일 일기처럼 글을 쓰고 특별히 강조할 내용은 별도로 기록한 것이다. 박지원은 만리장성이나 자금성과 같은 거대한 건축물에서가 아니라 변방 시골 마을의 정돈된 일상적인 풍경 속에서 선진국 문명의 본질을 파악했다. 그는 어느 작은 시골 마을을 방문했을 때 그들이 기왓조각들을 정원을 꾸미거나 담벼락의 무늬를 만드는 데 사용하고 말똥들을 말려 쌓아놓고 땔감으로 사용하는 것을 보고 '장관재와, 장관재분괴'(壯觀在瓦, 壯觀在糞壞, 청 문명의 장관은 기왓조각과 똥 무더기에 있다)라고 하였다. 흔하고 가치 없어 보이는 물건을 재활용하고 주변 환경을 깨끗하게 정리 정돈 하는 시골 사람들의 모습에서 선진국 문명의 정수를 본 것이다. 우리가 선진국 대열에 들어섰다고 하는데 그야말로 제대로 된 선진국 소리를 들으려면 국민소득이나 외형적인 경제발전을 넘어 우리의 주변을 잘 정리 정돈 하고 하찮아 보이는 것도 소중히 할 뿐 아니라 시골이나 산동네의 가장 열악한 위치에 있는 사람들의 삶의 수준도 높여야 할 것이다. 이렇게 진정한 선진국의 면모를 갖추는 데 일조하는 것도 애국하는 길이라고 할 수 있겠다.

3. 결국 현재의 삶이 중요하다

시간은 그 무엇도 기다려주지 않는다. 시간은 영원을 향해 달려간다. 우리는 이 영겁의 시간 속에 찰나의 순간을 살 뿐이다. 이 찰나의 순간을 가치 있게 사는 것만이 우리가 영원을 살 수 있는 방법이다. 그러한 의미에서 니체(Friedrich Wilhelm Nietzsche, 1844~1900)는 “네가 현재 살고 있고 지금까지 살아온 생을 다시 한번, 아니 수없이 몇 번이고 되살아야 한다”는 영원회귀 사상을 제시하였다. 그에 따르면 우리가 과거 수만 년 전에 무엇을 했고 수만 년 뒤 미래에 무엇을 할지 모르지만, 지금 우리가 무엇인가 결단을 내리고 실행하는 순간 그것이 수만 년 전에 반복되었고 나아가 수만 년 뒤에도 반복될 것이라는 것을 알게 된다. 따라서 우리가 지금 노예처럼 굴종의 행위에 스스로를 맡긴다면 영원히 노예로 살겠다는 것이고, 바로 지금 주인으로서의 당당함과 자유를 추구한다면 영원히 주인으로 살겠다는 셈이 된다. 이 영원회귀 사상의 의미는 결국 내가 살고 있는 지금 이 순간을 가장 소중하게 여기고 치열하게 살라는 것이다. 결국 지금 내가 살고 있는 이 순간이 미래와 과거가 만나고 서로 이어지는 통로인 것이다. 따라서 지금 이 순간을 가벼이 여기고 당장이 아니라 다음 달부터 아니면 내년부터 제대로 살겠다고 말하는 것은 영원히 제대로 된 삶을 살지 않겠다고 말하는 것과 같다. 그러므로 우리의 삶은 “네가 다시 태어나기를 영원히 바랄 수 있도록 그렇게 살아라” 또는 “인생을 다시 한번 완전히 똑같이 살아도 좋겠다는 마음으로 살아라”라는 니체의 말처럼 되어야 할 것이다.

니체는 『반시대적 고찰』에 실린 「교육자로서의 쇼펜하우어」에서 우리가 다른 어떤 시간도 아닌 바로 오늘이라는 짧은 시간의 삶을 살고 있다고 하면서 우리 자신이 그 삶에 스스로 책임을 져야 한다고 역설하였다. 우리에게 과거는 기억 속에 존재하고 미래는 기대나 예상 속에 존재하기 때문에 과거나 미래는 우리의 머릿속에서만 존재한다고 볼 수 있다. 삶은 ‘지금 그리고 여기’에서 이루어지며 이것이 쌓여 우리의 인생이 되는 것이다. 우리 스스로의 머릿속에 만들어내는 과거에 대한 집착이나 미래에 대한 염려는 현재의 삶을 제대로 영위하지 못하게 한다. 따라서 우리는 과거에 대한 집착과 미래에 대한 우려를 과감히 떨쳐 버려야 한다. 우리는 과거나 미래로부터 자유로워져 현재를 영위해야 한다. 영화 ‘죽은 시인의 사회’(Dead Poets Society)에서 John Keating 선생이 학생들에게 ‘카르페 디엠’(Carpe Diem, 현재를 잡아라는 의미의 라틴어)이라고 했던 것처럼 스스로에게 현재의 삶에 충실하자고 되뇔 필요가 있다. 현재의 삶에 충실하는 가장 효과적인 방법으로 ‘몰입’을 들 수 있다. 몰입(flow)이란 어떤 행위에 깊게 빠져들어 시간의 흐름이나 공간적 위치는 물론 자기 자신도 잊어버리게 되는 경우의 심리적 상태를 말한다. 이것은 행위 자체가 목적이 될 때 나타난다. 이 몰입을 통해 인간은 자신의 시간을 지배하면서 행복감을 느끼고 궁극적으로 성취감도 맛보게 된다.

위와 같은 맥락에서 미래의 일인 죽음도 우려하면 안 되고 오직 현재의 삶에 충실할 필요가 있다. 우리는 언젠가는 죽음을 맞이할 수밖에 없기 때문에 지금의 시간을 놓쳐서는 안 되며 최선을 다해야 하는 것이다. 공자(孔子, BC 551~479)는 죽음에 대해 묻는 제자에게 '미지생 언지사'(未知生 焉知死)라고 하였다. 이 말은 "삶을 아직 다 알지 못하는데 어찌 죽음을 알겠느냐", "삶에 대해 모르면서 어찌 죽음을 알려고 하느냐, 현재의 네 삶에 충실해라"는 의미다. 죽음과 관련하여 2,300여 년 전에 살았던 그리스의 철학자 에피쿠로스(Epikouros, BC 342~271)가 한 말은 음미할 가치가 있다. 그는 〈메노이케우스에게 보내는 편지〉에서 "가장 두려운 악인 죽음은 우리에게 아무것도 아니다. 우리가 살아있는 한 죽음은 우리와 함께 있지 않으며, 죽음이 오면 우리는 이미 살아있지 않기 때문이다. 따라서 죽음은 산 사람이나 죽은 사람 모두와 아무런 상관이 없다"고 하였다. 그러므로 에피쿠로스는 죽음에 대해 공포심을 갖고 현재의 삶을 누리지 못하는 것은 어리석은 일이라고 질타한다. 우리에게 삶이 50년이 남아 있던, 1년이 남아 있던, 죽음은 우리와 아무런 상관이 없기 때문에 그 50년이나 1년 동안의 삶에 충실하면 된다. 삶의 기간이 짧게 남아 있을수록 그 시간의 가치는 커지고 오히려 더 알차고 보람되게 보낼 수 있게 되어야 한다.

우리가 자신의 삶에 대한 어떤 소명을 깨달았다고 할지라도 자신에게 주어진 유한한 시간의 소중함과 가치를 제대로 인식하고 그에 걸맞게 시간을 활용하지 못한다면 유의미한 삶을 살기는 어려울 것이다. 사람들은 보통 현재의 상태가 계속될 것으로 생각하며 소중한 시간을 막연히 허비하며 살아간다. 그래서 "하루하루를 인생의 마지막 날처럼 살아라", "내가 헛되이 보낸 오늘은 어제 죽은 이가 그토록 간절히 원했던 내일이다" 등의 경구가 나오기도 한다. 하지만 이러한 경구들은 시간의 소중함을 일깨우고 마음의 자세를 가다듬는 데는 참고가 될 수 있으나 실제 뭔가를 실행하는 데는 그리 도움이 되지 않을 수 있다. 따라서 적당한 기간 단위를 설정하여 시한부 인생을 산다고 가정하고 그 기간 안에 자신이 우선적으로 할 일을 수행하거나 자신의 소명을 완수하는 노력을 하는 것이 효과적일 수 있다. 그러나 이러한 기간 단위로 5년이나 10년은 너무 길고, 몇 주나 몇 개월은 너무 짧다고 볼 수 있기 때문에 1년을 설정하는 것이 적절해 보인다. 특히 1년은 사계절의 변화를 느낄 수 있고 어떤 일의 구상, 기획, 실행 및 평가 등이 가능한 적당한 기간으로 볼 수 있다. 따라서 '앞으로 나에게 1년의 기간이 남았다면 나는 어떻게 살 것인가?', 달리 말하면 '내가 1년 후에 죽는다면 나는 무엇을 하며 어떻게 살 것인가?'라는 질문을 던지고 스스로 1년의 시한부 인생 계획을 세워 살아간다면 훨씬 보람되고 의미 있는 삶을 영위해갈 수 있을 것으로 보인다.

내가 이러한 생각을 하게 된 것은 랜디 포시(Landy Pausch, 1960~2008) 교수의 『마지막 강의(The Last Lecture)』를 읽고 난 후부터다. 이 책은 포시 교수가 췌장암에 걸려 시한부 인생 선고를 받은 뒤 카네기멜론대에서 마지막으로 한 강의를 책으로 엮은 것인데, 살아온 인생을 돌아본 후 몇 개월의 남은 인생을 어떻게 마무리하고 죽음을 준비해 왔는지에 대해 담담히 그려내고 있다. 나는 2008년 11월 버락 오바마가 대통령에 당선된 미국 대선 주간에 워싱턴에 출장차 갔다가 서점에 들러 우연히 이 책을 접하게 되어 구매하여 읽었는데, 여기에서 힌트를 얻어 '앞으로 나에게 딱 1년이 주어졌다면 무엇을 하고 어떻게 살아야 할까'라는 식으로 시한부 인생을 가정하고 1년 단위로 끊어 나름대로 시험적으로 여러 가지를 시도해 보았다. 그 결과 미루기만 하였던 공대 대학원 박사학위 논문을 끝낼 수 있었고 나중에는 문과 쪽 박사학위도 취득하였다. 또한 한 극단에서 연기훈련을 받고 모놀로그 발표, 연극 공연 등을 거쳐 그 극단의 배우가 되었으며, 나아가 한국셰익스피어학회(현재 평생회원임)에서의 원어연극 공연에 참여하기도 하였다. 그리고 도움의 손길이 필요한 곳에 관심을 갖고 작은 마음의 표시를 하기 시작하였다. 무엇보다도 가족을 위하고 나 자신의 보다 참된 가치를 찾기 위해, 자유로운 사회적 활동에 신분상의 제약을 주던 22년 동안 근무해왔던 공직을 2016년 상반기 말에 과감히 떠났다. 그리하여 새로운 직장생활을 하면서 동아시아의 평화와 미래를 위한 재단 설립을 추진하기도 하였다.

나에게 앞으로 1년이 주어졌다면 어떻게 살 것인가에 대해 생각한 것이 계획으로 그치지 않고 실제 실행에 옮겨질 수 있도록 주 단위, 월 단위, 분기 단위 등으로 점검하고 주기적으로 의지를 다지는 작업이 필요하다. 지금부터 향후 1년간 나는 시간의 요리사이자 마술사, 내 삶의 오케스트라 지휘자이자 연주자가 되어 즐겁고 희망찬 삶을 살아가리라고 다짐할 필요가 있다. 신의 축복으로 또 다른 1년이 더 주어진다면 마찬가지로 좀 더 의미 있는 삶을 살기 위해, 그 덤으로 주어진 1년을 더욱 소중히 쓰도록 하겠다는 피드백도 필요하다. 이러한 1년씩의 시한부 인생이 쌓이면 그 언젠가 죽게 될 때 후회를 덜 하고 웰다잉 할 수 있을 것이다. 웰다잉은 결국 웰빙에 달려 있다. 웰빙은 우리 스스로가 현재의 삶에 충실함으로써 내적 충만함과 외적인 당당함을 갖추는 것이다. 이러한 웰빙의 삶을 살아가야만 우리가 죽을 때 살아온 삶을 돌아보면서 미소를 머금고 웰다잉할 수 있을 것이다. 지금까지 삶을 나름 열심히 의미 있게 살려고 노력하기는 했지만 앞으로가 더 중요하다. 세상을 언제 떠날지 모르기에 갑자기 떠나더라도 후회를 남기지 않도록 살 일이다. 1분, 한 시간, 하루, 일주일, 한 달, 앞으로 1년이 너무 소중하다. 늘 감사하며 값지게 살 일이다. 이와 같은 삶의 자세는 우리를 새롭게 태어나게 할 것이며 남은 생애를 보다 활기차고 보람되게 살아갈 수 있게 하는 원동력이 될 것이다. 이로써 우리의 미래세대에게 떳떳하고 또한 그들이 자랑스러워할 선배가 될 수 있을 것이다.

4. 공동체, 미래 세대, 환경 등에 대한 책임

앞에서 내 인생 스승의 예로 들었듯이 1960년대 중반에 한국인들도 금기시하던 '문둥병 환자들의 섬' 소록도에 20대 나이에 와서 40여 년을 헌신적으로 봉사했던 오스트리아 출신 간호사 마리안느(Marianne Stoger)와 마가렛(Margareth Pissarek)의 삶은 우리를 크게 감동시킨다. 다른 사람의 아픔과 고통을 나의 아픔과 고통으로 느끼는 마음과 이에 기반하여 다른 사람을 기꺼이 도우려는 행위를 영어로 '컴패션(compassion)'이라고 한다. 나와는 전혀 상관없는 사람들의 고통을 이해하는 정도를 넘어 그들의 삶 전체를 온몸으로 느끼는 '컴패션'의 마음을 갖고 바로 자신을 벗어나 타인을 내 삶의 중심으로 삼는 것이 최고의 인문학적 소양이자 공동체 유지의 본질이다. 일리노이주 민주당 상원의원에 출마한 시카고 출신의 케냐 이민자 2세인 버락 오바마는 2004년 대선수자로 나선 민주당 존 케리 상원의원에 대한 찬조연설에서 이러한 컴패션의 마음을 다음과 같이 표현하고 있다. "만일 시카고 남부에 글을 읽지 못하는 소년이 있다면, 그 아이가 제 아이가 아닐지라도 그 사실은 제게 중요합니다. 만일 어딘가에 약값을 지불하지 못하는 노인이 의료비와 월세 중 하나를 택해야 한다면, 그녀가 제 할머니가 아닐지라도 제 삶마저 가난하게 됩니다. 만일 어떤 아랍계 미국인이 정당한 법적 절차 없이 체포당했다면, 그것은 제 시민권에 대한 침해입니다.”

19세기 말 프랑스의 유대인 장교 드레퓌스(Alfred Dreyfus, 1859~1935)가 누명을 쓰고 유죄판결을 받았을 때, 모두가 침묵하는 상황 속에서 그와 아무런 인연이 없었던 에밀 졸라(Emile Francois Zola, 1840~1902)는 『나는 고발한다』라는 글에서 다음과 같이 강한 컴패션을 드러내고 있다. ‘저는 진실을 말할 것입니다. 법적인 권한을 부여받은 사법부가 완전무결한 진실을 말하지 않는다면 제가 말할 것을 맹세했습니다. 이것은 제 의무이기도 합니다. 그러지 않으면 세상을 잃어버린 먼 곳에서 결코 저지르지 않은 범죄의 대가로 고통을 겪고 있는 자의 망령이 밤마다 저를 찾아올 것입니다.’ 우리가 이러한 역사적 위인들만큼은 못되더라도 생활 속에서 컴패션의 마음을 품고 사는 것이야말로 결국 진정으로 가치 있는 삶을 사는 것이 아닐까?

사람들은 자신의 입장과 처지에서만 세상을 바라보며 살아간다. 그러다 보니 이 사회의 열악한 환경에 놓인 사람들을 무심코 지나치기 쉽다. 이제 우리가 속한 공동체 사회의 그늘진 곳을 좀 더 돌아보며 더불어 살고자 하는 작은 노력이라도 기울일 필요가 있다. 나는 그동안 유네스코 아동기금 후원, 월드비전을 통한 해외아이 및 국내아이 후원, 위안부 할머님들이 살고 계신 나눔의 집 후원(그곳의 비리 문제로 현재는 모금활동 중단), 서울 강동구 소재 보육원의 아이 후원 등을 해오고 있으나, 금전적인 지원만이 아니라 시간을 더 내고 마음을 써서 같이 부대끼고 호흡하고 적극 교감하는 것이 필요하다. 이외에도 내가 할 수 있는 사회적 활동을 보다 적극적으로 찾아 수행할 계획이다. 그중 하나가 앞에서 언급했던 '(가칭)아시아평화미래재단' 설립을 추진하는 것이다. 2019년 당시에는 재단기금 규모를 문제 삼는 등의 행정당국의 비협조로, 2020년부터는 코로나가 창궐하여 실제 재단설립까지는 나아가지 못했다. 그동안 이자수익 등을 통해 기금이 현재 1억 3천만 원 정도 되었는데, 조만간 사단법인 형태로라도 출범시킬 생각이다. 이 재단 또는 사단법인은 설립 취지에 공감하는 사람들의 자발적인 참여(돈, 시간, 재능 등의 기부)에 의해 운영될 것이며 기부금 또는 후원금의 수입 및 지출과 활동 내용 등이 투명하고 상세하게 공개될 것이다.

테일러(Charles Taylor)는 다수자 집단이 소수자 집단의 문화적 정체성을 인정하지 않으면서 억압하고 구속한다면 소수자 집단 구성원들은 자신의 정체성을 부정하거나 경멸하기까지 하여 정체성의 왜곡이 일어난다고 본다. 일제 식민지 시대 이후 일본에 거주해 온 한국인들이 소수자 집단으로서 억압과 차별을 받으면서 일본인으로 귀화하거나 국적과 본명을 감춤으로써 정체성 왜곡에 시달렸다. 테일러에 따르면 한 집단의 정체성이 다음 세대로 온전하게 넘어가게 하려면 그 집단의 언어부터 지켜주어야 한다. 일제 식민지 시기에 일본이 우리의 언어는 물론 우리말 이름조차 없애려고 했고 우리는 그것에 저항했던 것은 언어가 민족 집단의 영혼과 정체성의 핵심이었기 때문이다. 현재의 우리나라는 저출산으로 인해 인구가 줄고 경제적 산업적 이유로 동남아 등지로부터 이민자와 산업노동력이 유입됨에 따라 다문화 국가로 전환되어 가고 있다. 따라서 우리 사회는 향후 이러한 소수자 집단의 문화적 정체성 보존 및 국가사회로의 융합이라는 중차대한 과제를 슬기롭게 해소해 나가야 하는 책무를 잘 감당해 나가야 한다.

자본주의 사회에서는 시장에서 교환이 끊임없이 이루어지고 재산의 소유와 그 상속이 허용되기 때문에 더 많은 재산과 사회적 지위를 얻는 사람이 생기는 반면 덜 가지는 사람이 생기는 사회경제적 불평등을 피할 수가 없다. 이러한 사회경제적 불평등은 법적 불평등은 물론 정치적 불평등으로까지 이어져 불평등이 대물림되고 있는 것이 현실이다. 따라서 부의 생산과 확대라는 자본주의 체제의 장점을 수용하더라도 이러한 불평등을 최소화하는 노력이 국가는 물론 기업과 개인 차원에서도 배가되어야 할 것이다. 우리가 속한 공동체는 이러한 불평등이 가속화되면 붕괴되어 존립할 수 없게 되기 때문이다.

산업화 및 디지털화가 진전되면서 지구 전체의 부는 폭발적으로 증가했다. 그러나 이제 문제는 충분한 생산이 아닌 분배다. 식량문제에서의 쟁점은 이제 생산보다는 분배가 되었고, 이와 같은 논리를 백신, 의약품, 항생제 등의 사안에도 적용할 수 있다. 이것이 바로 자본주의가 넘어서야 할 근본적인 과제다. 부연하면 현재의 자본주의 체제가 맞닥뜨리고 있는 주요 극복 과제는 소득이 소수에게 집중되고 있다는 것, 중산층이 사라지고 있다는 것, 노동의 미래가 불확실하다는 것 등이다. 이러한 과제들을 해소하지 못하면 지구 공동체의 앞날에 먹구름이 낄 수밖에 없다.

자살률은 국가사회가 지니고 있는 현재의 고통에 대한 지표이고 출산율은 미래 사회의 가능성과 기대에 대한 지표라고 볼 수 있다.

우리나라의 자살률은 OECD 국가 중 최고이고 출산율은 세계의 최하위권에 있어 국가적으로 그리고 전사회적으로 적극적 대응을 하지 않으면 커다란 위기에 처할 상황에 놓여 있다. 특히 전 세계 타살률과 비교해 볼 때 우리나라는 10만 명당 1명 이하로 아주 안전한 나라라고 평가되는 반면 자살률 측면에서는 인구 10만 명당 30명 수준이 되어 세계에서 가장 위험한 나라로 평가되고 있다. 자살을 하는 사람들의 가장 큰 이유는 우울이라고 알려져 있다. 우울은 정신이 나약하고 병들어 있다는 징표다. 우리 사회가 사회경제적으로 풍요로워져 육체에 필요한 음식이나 의료는 충분히 뒷받침되어 신체적 건강은 좋아졌지만 정신적 건강은 오히려 나빠졌다고 볼 수 있다. 정신적인 우울은 한 개인이 희망을 만들어낼 동력을 상실한 상태라고 볼 수 있는데 우리 사회가 이를 방치하면 안 되고, 사회적 연대와 공동체의식을 통해 치유하는 노력을 기울여야 한다.

우리 인간은 자신이 믿고 싶지 않은 진실과 사실을 의심하도록 조건화되어 있다. 우리는 오늘날 우리가 보고 싶은 것, 그리고 다른 사람들이 우리를 표적으로 삼아 보여주는 것을 본다. 이에 따라 우리의 공동체 의식과 믿음 그리고 규범이 흔들린다. 편견은 편견을 한층 더 강화하고, 공동체는 제각기 다른 '종족'들로 갈기갈기 찢겨진다. 인터넷의 익명성 때문에 우리 인간은 직접 만나서는 도저히 꺼낼 수 없는 거친 말들을 아무렇지도 않게 내뱉고 있다. 공개적 담론의 자리에서도 우호적인 친근함이나 공동체주의 그리고 중도주의는 찾아보기 어렵게 되었다. 분노와 공포가 커질수록 우리 인간은 그만큼 SNS, 유튜브, 인터넷 게시글, 가짜뉴스에 의지한다. 이러한 플랫폼의 대부분은 구독료가 아닌 광고를 통해 수익을 창출하므로 특정 대상을 강하게 비난할수록 조회수가 증가하기 때문에 비난의 강도를 더욱 높여 간다. 분노는 접속량을 늘리고 수익이 이와 비례하여 늘어난다. 이러한 구조 속에서는 대립하는 양쪽은 점점 더 관대함을 잃고 반대쪽 사람들을 깎아내리는 내용이라면 무엇이든 무조건 믿으려 든다.

그러나 거짓에 기반한 비난, 분노 등의 이러한 행태가 가속화되면 공동체가 파괴되고 구성원들 사이의 연대가 허물어진다. 랄프 왈도 에머슨(Ralph Waldo Emerson)은 "진실에 반하여 거짓말을 하는 것은 일종의 자살행위일 뿐만 아니라 인간 사회의 심장에 칼을 꽂는 행위"라고 하였다. 거짓말이 나쁘다는 것을 모두가 안다. 이제 모든 사람들은 즉각적이고 근원적인 반성과 변화가 필요하다. 여기에서는 무엇보다 나를 낮추고 다른 사람을 인정하는 '겸손'과 '아량'이 뒷받침되어야 한다. 나아가 우리는 모든 종교의 근원적인 정신으로 돌아가야 한다. 수녀 출신의 종교역사학자 카렌 암스트롱(Karen Armstrong)은 전 세계 종교들의 공통점에 대해 연구한 결과 모든 주요 종교는 하나의 교리를 토대로 삼고 있다고 했다. 즉 "모든 종교와 윤리, 영적 전통의 중심에 있는 원칙은 다른 사람들로부터 대접받기를 원하는 그 방식 그대로 항상 다른 사람들을 대접하라는 것"이다.

불교에 나오는 화엄(華嚴)은 잡꽃들의 세계, 여러 가지 꽃들이 어우러진 세계를 말한다. 이는 사람들 각자가 다른 꽃이며 인간 세상은 각양각색의 꽃들이 어우러진 세계인 것이다. 그래서 불교에서는 "모든 사람이 각각 자기 꽃을 피워야 한다"는 것을 지향한다. 그러면서 불교에서는 나는 그동안 마주친 수많은 인연으로 존재하기 때문에 나의 것이 존재할 수 없다고 본다. 우리가 가진 젊음, 아름다움, 자식, 돈 모두 잠시 인연이 되어 머무를 뿐이라는 것이다. 따라서 잠시 인연이 되어 있다가 떠나가는 것들에 집착할 필요가 없다. 주름져 가는 우리 자신의 얼굴을 만족스럽게 바라보고 또한 우리가 만나는 사람들을 담담한 마음으로 마주할 수 있어야 하는 것이다. 나아가 곧 인연이 다해 떠나갈 우리가 가진 부나 권력도 이웃과 이 사회를 위해 기꺼이 나누거나 버릴 수 있어야 한다.

독일의 유명한 정치철학자 칼 슈미트(Carl Schmitt, 1888~1985)는 『정치적인 것의 개념(Der Begniff des Politischen)』이란 책에서 '정치적인 것'이란 '적과 동지'라는 범주로 작동한다고 규정하고 있다. 이러한 개념에 입각해 보면 정치사회는 갈등과 대립이 지속적으로 나타날 수밖에 없다. 그렇다면 '적과 동지'라는 범주를 해체해 버리면 평화와 공존이 가능해진다고 볼 수 있다. 이 범주를 해체하는 작업은 2천 년 전에 예수(Jesus Christ, BC 4?~AD 30)에 의해 시도되었다. 그는 '원수를 사랑하라'고 가르쳤는데 원수를 사랑한 순간 적은 동지로 변하게 되어 갈등과 대립은 사라지게 된다. 예수보다 훨씬 전에 이와 같은 '적과 동지'라는 범주의 해체작업을 시도한 이가 동아시아에 있었으니, 그가 바로 묵자(墨子, BC 470?~390?)이다. 묵자는 예수와 비슷하게 겸애(兼愛)라는 무차별적 사랑을 강조하며 삶을 통해 이를 실천하였다. 오늘날 지역, 계층, 인종, 종교 등에서 벌어지고 있는 반목과 갈등은 점점 심화되어 폭력과 전쟁으로 비화되는 경우도 많이 발생하고 있다. 지금이야말로 예수와 묵자의 이러한 사상과 실천력이 무엇보다도 필요한 때이다.

우리의 지구는 여러 가지 환경문제에 직면하여 있는데, 예를 들어

지구온난화에 따른 바닷물의 온도 상승 결과는 엄청나다. 미국과 멕시코를 합친 것과 비슷한 면적의 남극 대륙, 한반도의 3배 이상의 면적인 그린란드, 이 두 지역의 얼음이 지구 전체의 담수성 얼음의 99퍼센트를 차지한다고 한다. 만약 그린란드의 얼음이 녹으면 해수면은 약 6m, 남극 대륙의 얼음이 녹으면 약 60m 상승한다고 한다. 우리는 환경문제로 이런 비극이 찾아오지 않도록 현 단계에서 할 수 있는 최선의 노력을 다해야 한다. 탄소배출 감축을 위해 화석연료 사용을 줄이고 태양광, 풍력 같은 친환경 에너지를 확대해야 한다. 플라스틱 사용 최소화, 재활용 및 친환경 제품 사용 등을 통해 지속 가능한 소비생활을 할 필요가 있다. 산림보호, 해양오염 방지, 멸종 위기 동식물 보호 등 생태계 보호를 위해 적극 나서야 한다. 환경 관련 교육 및 인식 개선 활동을 강화하고 탄소 중립 목표 실천 및 국경에 걸친 환경오염문제 해소 등을 위한 국제협력 활동도 강화해 나가야 한다. 미래 세대를 위해 환경을 보호하는 것은 현세대의 선택이 아니라 의무이자 책임인 것이다. 현세대는 과거 세대가 쌓아 올린 토대 위에서 비교적 안전하고 풍요롭게 살고 있다. 이것은 현재의 우리가 과거 세대에게 빚을 지고 있으며 미래 세대에는 보다 더 안전하고 풍요로운 사회를 넘겨주어야 한다는 것을 뜻한다. 따라서 현세대는 미래 세대를 위해 위에서 언급했던 환경문제 해소는 물론 사회경제적 불평등 해소, 미래 사회에 필요한 양질의 교육 제공, 지속가능한 발전, 평화롭고 공정한 사회 구축 등을 추진해야 한다.

5. 품격 있는 정치와 리더십

급속하게 변화하게 될 미래 사회에 나타날 수많은 문제들에 대한 여러 가지 대응전략들이 제대로 실행되려면 결국 국가사회적 포용과 협력이 필요하며 여기서 가장 중심적 역할은 정치적 리더십이 수행할 수밖에 없다. 개인이나 일부 조직으로는 감당할 수 없는 미래 사회의 엄청난 변화와 이에 따른 수많은 문제는 우리 국가사회 전체의 지혜와 역량을 모아야 대응이 어느 정도 가능하기 때문이다. 나아가 많은 문제들이 한 국가 단독으로 처리할 수준을 이미 넘은 결과 국제적 연대를 통한 대응이 필요하기 때문이다. 이러한 국내외적 대응과정에서 핵심적이고 주도적인 역할을 해야 할 우리 사회의 정치적 리더십은 붕괴되어 있을 뿐만 아니라 오히려 정치권이 정파적 이익에 함몰되어 이를 사수하기 위해 국론을 분열시키고 국민을 양분시키는 행위를 서슴지 않고 있는 것이 현실이다. 이 소절에서는 우리나라의 이러한 정치 현실과 그 문제점을 되짚어보고 어떻게 해야 정치가 품격을 갖추고 리더십을 발휘하여 미래 사회에 대응할 수 있을 지에 대해 몇 가지 언급하고자 한다.

대통령중심제 국가인 우리나라는 정치권력이 대통령에 집중되어 있다 보니 당면한 사회경제적 문제 해결은 물론 미래 사회의 발전이 대통령의 자질과 역량에 좌우되는 면이 크다. 무엇보다도 우리나라는 80여 년 동안 남북분단 상태에 있고 4대 강국의 틈바구니에 놓여 있어 전쟁 방지 및 평화 구축이라는 국가적 생존을 위해 남북한 갈등 관리 및 화해 협력, 안보적 역량 및 외교적 성과 축적이 선결과제라고 할 수 있다. 이를 바탕으로 경제적 성장 및 발전을 추구함으로써 먹고 사는 문제, 즉 민생을 해결해야 한다. 나아가 사회경제 발전에 따라 나타나는 양극화와 이념갈등 문제, 지역갈등 및 세대 간 갈등 문제, 저출산 및 고령화의 인구문제, 기후변화와 환경문제 등의 총체적인 문제들을 해결해 나가야 한다. 우리나라의 대통령이라면 이와 같은 중차대한 과제들을 감당할 자질과 역량을 갖추어야 하는데 그렇지 못한 경우가 많았다. 따라서 정말로 대통령이 되고자 하는 사람은 이러한 자질과 역량을 반드시 갖추어야 하고 그렇지 못한 사람은 국가와 국민을 위해서 그러한 꿈을 접어야 한다. 이러한 자질과 역량을 갖추지 못한 사람이 대통령 선거에 출마하면 우리 국민이 현명한 눈을 가지고 퇴출시켜야 한다.

대통령이 되면 그 순간부터 그는 자기가 속했던 당이나 지지자들의 지도자, 즉 골목대장의 지위를 벗어나 국가사회와 국민의 리더로 거듭나야 한다. 그러기 위해서는 반대 진영에 있는 지도자들이나 일반 국민을 더 많이 만나 의견과 지혜를 구하고 이를 국가정책에 반영하는 포용과 협력의 정치를 펼쳐야 한다. 우리나라 대부분의 대통령들이 그렇지 못했기 때문에 실패했다고 볼 수 있다. 이러한 결과는 결국 국가적 비극이자 국민적인 고통으로 이어질 수밖에 없었다.

정치와 관련하여 공자(孔子)는 '민무신즉불립'(民無信卽不立)이라고 하였다. 이 말은 백성이 신뢰하지 않으면 정치가 바로 설 수 없고, 백성의 신뢰를 잃으면 정치지도자가 아무것도 할 수 없다는 뜻이다. 우리는 국가 최고의 정치지도자인 대통령이 자질과 역량 문제로 국민의 신뢰를 잃게 됨에 따라 국가사회가 큰 어려움에 처했던 경우들을 여러 차례 보아왔다.

우리가 최근에 목도한 대통령의 반헌법적 비상계엄, 그리고 그에 따른 탄핵소추, 탄핵 및 파면, 구속기소, 이와 관련한 국론 분열 및 국가적 위기 등도 대통령의 역량과 자질 그리고 태도에 대한 위의 기준들을 통해 분석할 수 있다. 법조계 일은 사후 교정적 업무로서 이미 벌어진 사건에 대해 법을 기준으로 사후적으로 판단하고 결정하는 것이다. 이에 반해 정치는 사전 기획적 업무로서 국가나 사회의 미래에 대해 사전에 계획을 세우고 국가사회의 통합과 발전을 추진해 나가는 것이다. 따라서 사후 교정적 업무를 주로 해오던 사람이 갑자기 사전 기획적 업무, 즉 국가사회를 이끌어가는 정치를 잘 감당하리라고 기대하기는 매우 어렵다. 그래도 판사는 원고와 피고 사이의 균형적이고 공정한 판결을 중시하고 변호사는 누군가를 위해서 변호해 준다는 측면에서 어느 정도의 역할을 할 수 있는 여지는 있다. 그러나 검사의 경우에는 범죄자들을 상대하며 그들의 죄를 캐내어 법정에 세우는 일이 주된 일이기 때문에 자신도 모르게 거칠어지고 세상 사람들을 고운 눈으로 바라보기 어려워시게 된다. 이러한 측면에서 사후 교정적 업무, 특히 범죄자 추궁 및 기소를 주로 하는 검사 생활을 오래 한 뒤에 정치에 입문하여 위에서 언급한 사전 기획적 업무를 핵심으로 하는 대통령으로서의 자질과 역량을 쌓지 않은 채로 급작스럽게 대통령이 되었다는 데서 가장 큰 실패의 원인을 찾을 수 있다.

그렇게 자질과 역량이 준비되지 않은 채로 갑작스럽게 대통령이 되었더라도 자신의 대통령으로서의 자질과 역량이 부족하다는 것을 인정하고 야당은 물론 일반 국민을 포함하여 광범위하게 국가사회적 지혜와 역량을 모으는 노력을 했더라면 충분히 훌륭한 대통령으로 거듭날 수 있었을 것이다. 이것이 안 된 이유도 사후 교정적 업무인 검사 생활을 오래 하면서 범죄혐의자들을 거칠게 몰아붙이고 검사동일체론에 입각한 위계적이고 권위적인 검사 지위체계에 물들었던 사람이라 최고 권력에 취해 누군가의 의견을 듣고 수용하는 것이 불가능했기 때문이라고 볼 수 있다. 따라서 향후에는 검사 출신이 상당한 기간 동안의 정치 등의 사전 기획적 업무 경험이 없이 대통령이 되는 것은 국가적 불행이자 자신의 불행으로 귀결될 가능성이 농후하기 때문에 피해야 한다. 김후곤 전 서울고검장이 비상계엄 후 SNS를 통해 “검사의 DNA는 정치와 거리가 멀다. 공정성과 정치적 중립을 지켜야만 존재가치가 있는 검사들의 정치 참여는 향후 법으로 금지하여야 한다”고까지 하였다. 이 말은 다소 과한 측면이 있지만 검사들은 물론 우리 국민이 잘 새겨들어야 할 것 같다. 따라서 사후 교정적 업무를 했던 검사 출신이 정치에 참여하고자 한다면 사전 기획적 업무의 경험을 다양하게 쌓으면서 환골탈태하여 스스로가 정치인으로서 필요한 자질과 역량을 충분히 확보해야 한다. 범죄혐의자나 누군가의 위에 군림하는 검사의 행태를 완전히 벗어 버리고 국민을 위한 봉사자로 거듭나야 하는 것이다. 그럴 자신이 없다면 국민과 자기 자신을 위해서도 아예 정치에 입문하지 않는 것이 바람직할 것이다.

우리나라와 미국 모두 대통령제 국가인데 미국 대통령과 한국 대통령의 차이는 임기가 끝나고 어떤 평가를 받느냐로 크게 대비된다. 미국의 대통령은 임기가 끝나고 감옥에 가는 경우가 거의 없고 임기 후는 물론 사후에도 좋은 평가가 이어지는 경우가 많다. 최근에 작고한 카터(Jimmy Carter, 1924~2024)처럼 임기 때보다 오히려 임기 후에 더 좋은 평가를 받는 경우도 있다. 그러나 우리나라 대통령의 경우 임기가 끝나고 감옥에 가거나 불행해지는 경우들이 많다. 이것은 기본적으로 우리나라 대통령들이 위에서 언급했던 것처럼 정치과정을 통해 스스로 대통령에게 필요한 자질과 역량을 충분히 갖추지 못했었기 때문이다. 나아가 미국의 대통령들의 경우 비록 최근에는 좀 달라졌지만 대체로 역사적으로 좋은 대통령으로 평가되기를 원하고 국민을 위해 정치를 하는 측면이 훨씬 강하다고 볼 수 있다. 반면 한국의 대통령들의 경우 임기 후의 미래의 역사적 평가와 기억보다는, 즉 국민을 위한 정치를 하기보다는 자신과 가족은 물론 자신을 대통령으로 만들어 준 사람들을 위한 정치를 하는 행태가 강하다고 볼 수 있다. 다시 말하면 국민을 내팽개치고 자신과 가족 친지, 그리고 측근들 및 지지자들만을 위한 정치를 하기 때문에 임기가 끝난 후에 감옥에 간다든가 나쁜 평가를 받게 되는 것이다.

그러면 어떻게 해야 바람직한 정치적 리더십을 갖추고 품격 있는 정치를 펼침으로써 후세의 좋은 평가를 받을 수 있을까? 진정한 리더십은 지위나 권력이나 어떤 영향력을 가지고 이끌어 가는 것이 아니라 사람의 마음을 사로잡는 것이라 할 수 있다. 알렉산더(Alexandros Ⅲ, BC 356~323)가 페르시아 원정 시 사막을 횡단하느라 목이 타자 휘하의 한 장군이 마지막 남은 물 가죽주머니를 건

넜다. 이에 알렉산더가 물을 마시려 가죽주머니에 입을 대려는 순간 역시 목이 몹시 마른 주위의 장졸들이 입맛을 다시는 모습이 보였다. 그래서 알렉산더는 "모든 장졸이 목이 마른 상황에서 나만 혼자이 물을 마실 수는 없다. 우리 모두 힘을 내 전진해서 다 함께 오아시스에서 물을 마시자"고 말하고는 가죽주머니의 물을 모랫바닥에 쏟아 버렸다. 장졸들은 알렉산더의 그런 마음에 모두 감복하여 더욱 힘을 낼 수 있었고 무사히 오아시스에 도달하여 다 함께 갈증을 해소하였다. 이처럼 역사상 위대한 지도자는 그를 따르는 사람들의 마음을 사로잡을 줄 아는 사람들이었다.

이러한 진정한 리더십을 보여준 위대한 인물로 우리 역사에서는 앞에서 자세히 언급하였던 이순신을 첫 번째로 들 수 있다. 여기에서는 우리나라 현대 정치사에서 그러한 리더십의 자질과 역량을 보여준 인물을 예로 들어보자. "하나를 알면 열 가지를 알 수 있다"는 우리말 속담이 있듯이 노무현과 관련된 두세 가지 사례를 가지고 그의 진정한 리더십의 자질과 역량을 드러내 보고자 한다. 정보통신부 사무관 2년 차였던 내가 1997년 12월 중순 어느 날 저녁 서울 종로서적 뒤편 약속 장소로 가는 길에 당시 새정치국민회의 소속 신기남 의원과 노무현 부총재가 30~40명의 청중에 둘러싸여 대통령 선거 유세를 하고 있었다. 그전에도 그 후에도 선거 유세장에 가본 적이 없지만, 약속 시간이 아직 남아 있어서 5공 청문회의 스타 의원이었던 노무현 부총재의 유세 모습을 가까이서 지켜보았다. 10여 분 후에 선거 유세가 끝나고 그 두 사람은 주위의 청중들에게 명함을 건네주며 인사를 하여 나도 엉겁결에 명함을 하나 받았다. 12월 18일 대선이 김대중의 박빙 승리로 끝난 후 축하할 겸 해서 연하장을 노무현 부총재 사무실로 보냈다. 내용은 “그동안 나름 정치사회적으로 좋은 일들을 많이 해오셨는데, 앞으로 더 역량을 키워 국가사회를 위해 더 큰 일을 하시길 바랍니다”는 취지의 글이었다. 그러나 나는 연하장을 보내면서도 피드백을 받으리라고는 전혀 기대하지 않았었다. 당시 정보통신부 국장급만 되어도 수백 통의 연하장이 왔는데 여비서가 리스트를 작성해주면, 몇몇 주요 인사들 것만 챙겨가고 나머지는 뜯어보지도 않고 쓰레기통으로 직행하는 것을 보았기 때문이다. 아마도 당시 노무현 부총재 사무실에는 그 몇 배의 연하장이 송달되어 감당하기 어려울 정도였을 것이다. 또한 국회의원급 이상이 되면 장관이나 차관, 잘해야 국장급 정도를 상대하지, 과장이나 특히 나 같은 사무관급은 아예 상대도 하지 않았기 때문에 내가 직접 그 어떤 회신을 받는 것은 상상하기 어려웠다.

그런데 놀랍게도 1998년 1월 초순 어느 날 사무실의 내 자리로 전화 한 통이 걸려 왔다. 아마도 정보통신부 총무 부서에 연락해서 내 자리의 전화번호를 알아낸 것 같다. 처음에는 바로 알아듣지 못해 “누구시라고 하셨어요?” 하니, “새청치국민회의 노무현입니다”라고 하는 것이었다. 깜짝 놀라, “어떤 일로 전화 하셨어요?” 하니, “연하장을 보내 주신 데 대해 감사 인사를 드리려고요. 연하장에 써 주신대로 제가 열심히 역량을 갈고 닦아 큰일을 할 수 있도록 최선을 다할테니 계속 성원해 주시길 부탁드립니다”하는 것이었다. 그 순간 나는 온몸에 전율을 느꼈다. ‘아, 이 양반은 나 같이 별 볼 일 없는 사람에게도 마음과 정성을 다하는 걸 보아 이 세상의 누구를 만나더라도 그럴 테니 사람들의 마음을 사로잡아 정말 큰일을 하겠구나’ 생각하였다. 그리하여 그는 결국 5년 뒤에 대통령이 되었다.

이런 일화를 8~9년 전에 아는 여자 후배에게 얘기했더니 자기도 노무현 의원과의 일화가 있다는 것이다. 그 후배는 노무현 국회의원의 여의도 쪽 집에서 과외를 한 적이 있는데, 어느 날 시간 여유가 있어 한 시간 이상 먼저 가게 되었다. 당시에는 핸드폰이 없었기 때문에 집 근처 공중전화박스에서 전화를 걸었더니 노무현 의원이 받았다. "아, 선생님! 우리 아이가 엄마랑 뭘 사러 나갔는데 과외 시간에 맞추어 들어온다고 했어요. 아, 이거 어쩐다. 남자 혼자 있는 집에 오시라고 하기도 그렇고. 아 거기가 어디지요. 제가 나갈게요. 공중전화박스 근처에 찻집이 있는데 거기서 봐요." 하고는 직접 나와 차 한 잔을 사주셨다는 것이다. "선생님! 저는 과외하는 것을 그리 바람직하게 보지는 않는데, 요즘 다들 하다 보니 뭐라고 할 수도 없고 그러네요" 해서 그 후배가 "의원님! 그런 생각을 갖고 계시면 소신껏 하셔야지요" 하였더니 노무현 의원이 "아, 그런가요. 집사람이랑 함 의논해 볼께요" 하더라는 것이다. 국회의원 신분으로서 20대 초반의 대학생에게 예의를 갖추며 쩔쩔매는 모습은 작금의 정치인들에게서 찾아보기 쉽지는 않을 듯싶다. 내가 그리고 그 후배가 겪은 일화만으로도 인간 노무현에 대해 잘 알 수 있으며 사람의 마음을 사로잡는 리더십의 소유자임을 충분히 짐작할 수 있다.

학벌이 지배하는 사회에서 고졸로서 대통령이 된 노무현은 재임 당시 학벌 좋은 사람들의 무시를 당하는 경우가 많았다. 학벌이 좋다는 것은 지금도 그런 면이 강하지만 1960년대와 1970년대에는 경제력 있는 부모의 도움에 의해 대학을 나올 수 있었다는 운이 작용한 결과라고 볼 수 있다. 1980년대 이후 지금까지도 여전히 부모의 경제력이 뒷받침된 선행학습의 결과로 좋은 대학을 가는 경우가 많다. 서울대나 소위 SKY대 등을 나와 요즘 우리 사회의 지도층으로 있는 인사들의 상당수도 그러한 범주에 속한다. 자신들의 현재 위치가 공정한 경쟁의 결과로만 보기는 어려운 점이 있다는 것을 스스로가 느껴 사회적 채무의식을 가지고 사회발전과 남을 위한 삶을 살아간다면 다행스러울 수 있다. 노무현은 가난한 가정형편 때문에 대학을 나오지 못했음에도 불구하고 다른 사람을 사로잡는 인품을 바탕으로 사법고시에 합격하고 변호사와 정치인으로서의 자질과 역량을 키워 대통령의 자리까지 올랐다. 대통령의 위치에서도 그것을 잘 감당하기 위해 많은 사람들의 지혜와 역량을 모아가며 최선을 다했다. 그가 대통령으로서도 능력자였음을 다음 한가지 사례로 증명해 보일 수 있다.

현재의 유엔체제는 제2차 세계대전 이후 승전국인 연합국을 중심으로 형성되었다. 이 유엔체제에서 핵심역할을 하는 인물이 유엔 사무총장이다. 이 사무총장은 유엔안전보장이사회(안보리)의 추천과 총회의 인준에 의해 선출된다. 이때 안보리 상임이사국 가운데 하나라도 반대를 하면 추천 자체가 이루어질 수 없다. 이 상임이사국은 미국, 영국, 프랑스 등 자본주의국가들과 러시아, 중국 등 공산사회주의 국가들로 구성되어 있다. 이러한 상임이사국의 비토권 때문에 그동안 사무총장은 중립국이나 양 진영의 핵심에서 벗어나 있는 국가들에서 배출되어 왔다. 따라서 한반도처럼 이념적으로 분단된 국가에서 유엔 사무총장을 배출하는 것은 불가능한 구조로 되어 있는 것이다. 즉, 남한의 인물에 대해서는 러시아나 중국이, 북한의 인물에 대해서는 미국이나 영국, 프랑스가 비토를 놓게 되어 있는 것이다. 물론 당연히 각 진영 내에서의 지지를 이끌어내는 것이 선결되어야 한다.

이러한 불가능한 상황구조에서 우리나라가 2005년에 유엔사무총장을 배출한 것은 노무현의 능력 때문이었다. 노무현 대통령은 외교정책에서 정치와 안보는 미국을 중심으로 하면서 가까운 중국이나 러시아로부터는 경제적 상호협력을 통해 이익을 취하는 정책을 취했다. 당시 미국은 누구도 넘볼 수 없는 세계 최강국이었기 때문에 노무현의 이러한 줄타기 외교정책을 어느 정도 용인해 주었고 노무현은 그러한 미국의 비위를 맞추기 위해 노력하였다. 그래서 그는 자신의 지지자들이 격하게 반대하고 데모를 일삼았던 사안에 대해 국익을 위해 미국의 뜻을 따라주었다. 그 대표적인 것이 바로 이라크 파병이었다. 스스로도 옳지 않다고 생각하면서도 대통령으로서 국익을 위해 어쩔 수 없이 선택한 것이다. 이렇게 노무현은 안보리의 최강자인 미국의 지지를 이끌어내고 중국과 러시아의 비토 가능성을 최소화하면서 유엔총회에서의 대한민국 출신 유엔사무총장 인준을 위해 그야말로 전방위적으로 뛰었다. 그 결과 우리가 유엔사무총장을 배출한 것이다. 이러한 사례는 향후 우리나라의 지도자가 어떠한 역량과 정치적 리더십을 가지고 국가를 이끌어야 하는지에 대해 묵직한 시사점을 던져 주고 있다. 그런데 너무도 안타까운 것은 이렇게 불가능한 상황에서 노무현의 능력으로 분단국에서 유엔사무총장을 배출했지만, 정작 반기문 사무총장은 재임 10년 동안 북한을 한 번도 방문하지 않았고 남북한간 갈등 완화 및 상호협력에 별다른 기여를 하지 못했다는 점이다.

현재 우리나라는 국내외적으로 극복하기가 쉽지 않은 위기 상황에 직면해 있다. 미국 트럼프 2기 행정부의 관세 폭탄 같은 대립지향적인 대외정책이 실시됨에 따라 우리나라 경제의 어려움이 가중되고 있다. 기후변화 및 환경문제 등에 전 세계적으로 공동 대응해야 함에도 불구하고 국가 간의 기술패권 경쟁, 자본주의적 이익 추구로 오히려 긴장과 갈등이 고조되고 있다. 나아가 핵과 미사일 등으로 무장한 북한의 위협 역시 상존하고 있다. 국내적으로는 저출산과 고령화에 따른 인구문제가 국가적 생존에 대한 우려를 자아내고 있고 일자리 부족은 물론 빈부 격차의 심화 및 중산층의 약화는 우리 사회의 근간을 흔들리게 하고 있다. 이러한 위기적 상황에 대응하기 위해 국가사회적으로 지혜와 역량을 모아내야 함에도 불구하고 이를 주도해야 할 우리나라의 정치는 분열과 갈등의 늪에서 헤매고 있다. 특히 최근의 비상계엄으로 그동안 어렵게 지켜온 우리나라 민주주의가 크게 흔들렸었고, 다행스럽게도 시민들의 저항과 관련 군인과 경찰의 소극적인 임무수행, 국회의 신속한 계엄해제 의결 및 탄핵소추, 헌법재판소의 대통령 탄핵과 파면, 보궐선거에 의한 새로운 대통령의 선출 등으로 겨우 최악의 상황을 모면하였다.

이러한 위기 상황에서 급격하게 변화될 미래 사회에 대응하기 위하여 우리나라는 어떻게 해야 할까. 특히 가장 큰 역할을 해야 할 우리나라의 정치는 어떻게 나아가야 할까. 우리나라의 정치가 민주주의를 지켜내고 그야말로 리더십을 키우고 품격을 갖추려면 어떻게 해야 할까. 정치가 우리 사회에서 어찌 보면 가장 중요하면서도 가장 문제가 많은 영역이기 때문에 우려가 클 수밖에 없다. 그렇더라도 결국 정치는 사람이 하는 것이기 때문에 정치지도자(정당지도자, 국회의원, 대통령, 지방의회 의원 및 자치단체장 등 선출직 지도자)가 그리고 나아가 우리 시민이 어떻게 해야 할 지에 대해 몇 가지 생각해보도록 하자. 첫째, 정치를 하는 목적을 자신의 지위나 이익이 아니라, 국민의 안전과 행복, 공동체의 유지와 발전에 두어야 한다. 둘째, 정치지도자로서의 제대로 된 자질과 역량을 쌓는 데 진력해야 한다. 셋째, 이러한 자질과 역량을 바탕으로 위의 정치적 목적 달성에 기여하는 작은 성과들을 축적해 나가야 한다. 넷째, 이념이나 진영으로 국민을 가르지 말고 관용과 포용을 바탕으로 국민의 마음을 사로잡는 리더십을 키워야 한다. 다섯째, 다른 이념이나 진영에 속한 정치인의 입장을 기본적으로 이해해 주고 폄훼하지 말아야 한다. 즉 적조차도 사랑하라는 예수나 묵자의 사상을 거울삼아 정치적 경쟁자도 관용으로 대해야 한다. 여섯째, 말은 부정적인 절망의 언어가 아니라 긍정적인 희망의 언어를 사용해야 하며 누군가를 죽이는 언어가 아니라 살리는 언어를 써야 한다. 일곱째, 이상과 같은 덕목을 실천하는 정치인이라면 격려하고 지지하고 키워주어야 한다. 여덟째, 검증되지 않은 아웃사이더, 극단주의자나 독재자가 될 가능성이 있는 사람은 당장에 이익이 되어 보이더라도 정치 진영에 끌어들이거나 연대해서는 결코 안 된다. 현재의 정치지도자나 앞으로 정치를 하고자 하는 사람들은 이상의 것들을 명심해서 실천해야 하고, 선거권을 가진 우리 일반 시민들은 이러한 덕목을 실천하는 사람을 잘 골라내야 한다. 이것이 실현되면 우리나라 정치문화는 획기적으로 발전하게 될 것이며 유능하고 품격 있는 정치지도자로 넘쳐 나게 될 것이다. 이것이 우리나라 민주주의를 지켜내고 발전시키는 근간이자 첩경이다.

〈보론〉

John F. Kennedy와 Devil's Advocate

여기서는 국가 지도자가 국가의 명운과 인류의 안전을 좌우할 의사결정을 할 때 어떤 자질과 역량을 발휘해야 하는지에 대해 역사적 사례를 통해 살펴보고자 한다. 냉전시대에 그야말로 제3차 세계대전 또는 핵전쟁이 발발할 수 있는 인류 최대의 위기상황이 발생하였다. 그것은 1962년 10월의 쿠바 미사일 사건(Cuban Missile Crisis)이다. 소련이 새로이 들어선 카스트로 정권하의 쿠바에 미사일 기지 건설을 추진하면서 미국과 소련 간의 긴장이 고조되고 전쟁의 목전까지 갔다가 극적으로 타협이 이루어졌던 사건이다.

1959년 쿠바의 바티스타(Fulgencio Batista y Zaldivar, 1901~1973) 친미 정권이 피델 카스트로(Fidel Castro, 1926~2016)에 의해 붕괴되어 친소련 정권이 들어섰다. 케네디(John F. Kennedy, 1917~1963)가 대통령에 취임한 지 얼마 후에 미국 CIA는 카스트로 정권을 전복시키기 위해 망명한 쿠바인들을 훈련시켜 쿠바의 피그스만에 침투시켰으나 처참한 패배를 당하였다(The Bay of Pigs Fiasco, 일명 피그스만 사건). 이 침투 작전은 아이젠하워 대통령 시절부터 준비되어 온 것이라 케네디는 심도 있는 검토 없이 승인하여 커다란 실패를 자초하였던 것이다. 또한 미국은 유럽에서 대소련 전략 차원에서 터키에 미사일 기지를 건설하였다. 이러한 일련의 사건들은 쿠바와 소련을 자극하여 쿠바에 미사일 기지를 건설하게 된 것이다.

케네디는 1962년 10월 16일에 쿠바 미사일 관련 보고를 받고 숙고에 들어갔다. 강경파들에 의해 주도되어 실패를 맛본 피그스만 사례를 결코 재현하고 싶지는 않았다. 그에게는 무엇보다도 소련과의 긴장 고조에 의해 제3차 세계대전 또는 핵전쟁이 발발하는 것을 막고 소련이 미사일 기지를 철수토록 하는 것이 최우선의 과제였다.

따라서 그는 동생인 로버트 케네디(Robert F. Kennedy, 1925~1968)를 필두로 한 측근들에게 이러한 뜻을 피력하고 거기에 최대한 보조를 맞추도록 하였다. 즉 이들로 하여금 이른바 Devil's Advocate 역할을 하도록 하였던 것이다. 따라서 로버트 케네디는 처음 소식을 접했을 때는 쿠바를 공습해야 한다는 주장을 펴기도 했지만, 대통령의 뜻을 알아차리고는 온건한 목소리를 내기 시작하였다.

Devil's Advocate라는 용어는 16세기 후반부터 로마 카톨릭 교회에서 사용되어 왔다. 이 Devil's Advocate는 어떤 사람의 성인화(Sainthood)에 대해 인격적인 흠결이나 잘못 제시된 증거들을 들추어내어 반대 의견을 제시하는 역할이 부여된 사람을 뜻한다. 오늘날의 세속적인 맥락에서 Devil's Advocate는 논의를 진전시키거나 제시된 제안을 철저히 검토하기 위해 반대되는 대안을 적극적으로 제기하는 사람(일명 의도적 반대토론자)을 말한다.

그리하여 로버트 케네디 등 Devil's Advocate 역할자들의 주장이 힘을 얻어 미사일 기지 공격이나 쿠바에 대한 전면적인 공격을 주장하는 군부 강경 세력들의 의견을 누르고 해상봉쇄 작전을 실시하게 되었다. 이러한 와중에 시간을 벌면서 케네디 대통령은 로버트 케네디 및 미국 주재 소련 대사 등을 통해 소련의 니키타 흐루쇼프(Nikita Khrushchev, 1894~1971) 서기장과 협상을 벌였다.

그 결과 미국이 쿠바를 침공하지 않겠다고 약속하고 소련이 쿠바의 미사일 기지를 철수하는 것으로 협상이 타결되었다. 물론 미국이 6개월 뒤에 터키의 미사일 기지를 철수하겠다는 조건이 비밀리에 덧붙여졌다. 이로써 전 인류가 멸망할 수도 있는 대규모 핵전쟁을 피할 수 있었으며, 두 정상 간의 신뢰가 강화되어 직접 통화할 수 있는 핫라인이 개설되고 부분적인 핵실험 금지 조약까지 맺게 되었다.

우리는 위의 케네디 대통령 사례로부터 두 가지 시사점을 얻을 수 있다. 첫 번째는 그가 피그스만 침투 작전의 처참한 실패를 통해 배우고 이를 다른 위기 상황에서 반면교사로 삼았다는 점이다. 두 번째는 그가 일촉즉발의 위기상황에서도 핵전쟁의 방지라는 대목표를 위해 숙고하며 측근들에게 Devil's Advocate 역할을 부여하여 반전을 이끌어내었다는 점이다. 이러한 측면에서 케네디가 위대한 대통령이었다고 평가될 수 있는 것이다.

집단적인 의사결정이나 위기 상황에서의 의사결정에서는 강경세력의 목소리가 커지고 그들이 제시하는 대안들에 대한 심도 있는 검토 없이 결정이 이루어져 결국 실패할 가능성이 커진다고 볼 수 있다. 따라서 어떤 국가나 조직의 의사결정 시 위에서 말한 Devil's Advocate 전략을 적극적으로 활용해 볼 필요가 있다.

6. 남북한 관계 및 한반도 통일은 어떻게 접근해야 할까

대한민국의 역대 정부 중 대북정책을 가장 잘한 정부를 꼽으라고 한다면 사람들은 대체로 김대중 정부라고 하던지 노무현 정부나 문재인 정부를 들기도 할 것 같다. 김대중 정부는 역사상 최초로 남한 대통령이 북한의 평양을 방문하고 남북한 간 6.15 공동선언을 발표함으로써 경색된 남북관계를 화합과 협력의 장으로 이끌어 내서 노벨평화상을 받기도 하였다. 이는 1977년에 안와르 사다트(Anwar Sadat, 1918~1981) 이집트 대통령이 이스라엘 수도 예루살렘을 전격 방문한 것을 계기로 이후 이집트-이스라엘 간 평화협정까지 맺게 된 것을 연상시킨다. 노무현 정부는 전임 정부의 대북 화해협력 정책을 이어받아 교류협력을 보다 구체화하는 노력을 전개하였다. 문재인 정부는 이명박 정부 그리고 박근혜 정부 시기 동안 극단으로 치달았던 남북관계를 복원하고 군사 관련 합의서 체결, 북미 정상회담 견인 등 가시적인 조치도 이루어내었다. 이러한 측면에서 보면 위 세 정부는 대북정책을 잘했다고 평가할 수 있다. 그럼에도 불구하고 우리가 대북정책의 성과와 관련하여 간과하고 있는 정부가 있다. 정말 객관적으로 평가한다면 대북정책을 가장 잘한 정부는 노태우 정부였다고 보아야 한다. 그런데 왜 그동안 정당한 평가를 받지 못했을까? 아마도 지난 세기가 끝나기 10여 년 전 일이라 기억에서 가물거리고 그 대통령이 군사 쿠데타 등에 대한 법적인 처벌까지 받아 부정적인 이미지가 강하게 남아 있기 때문이리라.

노태우 정부는 냉전해체 시기에 비록 독일처럼 통일을 달성하지는 못했지만, 북방정책 및 대북정책에서 혁혁한 성과를 거두었다. 1989년 헝가리와의 수교를 필두로 동유럽 공산권 국가들과의 국교를 정상화했고 소련은 물론 중국과의 수교도 체결하였다. 나아가 남북한 유엔 동시 가입을 하고 남북기본합의서를 맺어 남한과 북한이 화해와 협력 그리고 통일로 가는 토대를 마련하였다. 남북한 총리가 상호방문하고 남북 이산가족 상봉이 이루어지는 등 남북한 관계가 급진전되는 계기가 만들어지고 미래에 대한 희망이 부풀어갔다. 그러나 노태우 정부는 이러한 화해 분위기가 진정한 협력의 단계로까지 가는 마지막 퍼즐을 맞추지 못하였다. 즉 독일처럼 통일을 달성하지는 못한다 할지라도 북한이 자본주의 핵심 국가인 미국 및 일본과의 수교를 하도록 이끌어 북한이 자본주의 국제질서에 편입되도록 만들었어야 했다. 위에서 언급하였듯이 남한이 동유럽 공산권 국가들은 물론 소련 및 중국과도 수교를 한 상황에서 북한은 자본주의 맹주국들(미국과 일본)과의 수교에서 배제됨으로써 자본주의화와 글로벌화가 진전되는 국제사회에서 고립무원의 처지에 놓이게 되었다. 이러한 고립상황에 대응하여 북한은 세계 최강의 군사력을 지닌 미국에 대항하고 정권을 유지하는 핵심 수단으로 핵 개발에 매진하게 되었다. 냉전이 끝난 1990년대 초에 미국이 북한에 손을 내밀고 수교까지 하였더라면 북한은 핵무기를 개발할 필요 없이 중국이나 베트남처럼 개혁 및 개방을 추진하였을 것이다. 이는 남한과 북한 간 교류협력 강화와 한반도의 평화 정착으로 이어졌을 것이라는 측면에서 보아 역사적으로 절호의 기회를 놓친 셈이어서 매우 아쉽다.

냉전해체 시기에 비록 북미 수교 및 북일 수교라는 마지막 퍼즐을 못 맞추어 큰 아쉬움을 남겼지만, 군사정부들의 후예인 노태우 정부가 위와 같은 성과를 달성한 것은 아주 높게 평가해야 한다. 노태우 정부의 여당과 일부 야당이 3당 합당을 하고 그 연장선상에서 등장한 김영삼 정부도 비록 상대방의 갑작스러운 죽음으로 무산되었지만, 북한 주석 김일성과의 정상회담을 추진하기도 하였다. 사실 냉전 시기의 군사정권인 박정희 정부나 전두환 정부조차도 외형적인 긴장 관계 속에서도 비공식 핫라인을 가동하여 지속적으로 갈등 관리를 했었다. 그런데 왜 이러한 군사정부, 노태우 정부, 김영삼 정부의 계보 연장선상에 있는 후속 정부들은 대북정책에서 그 선배 정부들과는 다른 길을 걸어왔을까? 소위 보수우파 정부라면 소위 진보 또는 좌파 정부보다 민족의 화합과 통일, 국민의 생명과 안전 및 재산 보호 등을 최우선 가치로 여기며 이전 선배 정부들의 바람직한 정책을 계승 발전시켜야 했는데, 오히려 한반도의 갈등을 증폭시키는 방향으로 나아가고 있는 이유는 무엇일까?

그것은 아마도 2000년 이후 김대중 정부가 대북 화해협력정책을 선점하고 그 후속 정부들이 이를 이어받아 추진하면서 보수우파 정부들은 그와 반대로 가는 것을 정책 목표로 삼았기 때문인 것으로 보인다. 그러나 이것은 현명한 선택이 결코 아니었다. 선배 보수우파 정부의 바람직한 정책을 계승하여 더욱 진전시킴으로써 보수우파가 진정으로 추구하는 가치를 실현시켜냈어야 했다. 즉 김대중 정부나 노무현 정부 등 소위 진보 정부보다 오히려 더 진전된 대북 화해 및 협력 정책을 펼치는 바람직한 선의의 경쟁을 추구했어야 했다. 민족과 국가의 이익, 국민의 안전 등이 진정한 보수가 추구하는 가치일 뿐만 아니라 특히 국익과 민족의 화합 및 발전을 위해서는 보수와 진보 또는 우파와 좌파의 경계를 넘어서야 하는 것이다. 필자는 이명박 정부가 실용주의 정책을 표방하며 출범하였을 때 남북관계가 전임 진보 정부들 시기보다 크게 진전될 수 있겠다고 기대하였다. 실용주의는 이념을 뛰어넘기 때문에 김대중 정부나 노무현 정부보다 오히려 구체적이고 실질적인 성과를 만들어낼 수 있을 것으로 생각하였던 것이다. 그런데 이명박 정부는 표방하는 정책지향과 전혀 다르게 작동하였으며 남북관계를 오히려 크게 후퇴시키고 말았고, 이어서 등장한 박근혜 정부도 전임 정부의 노선에서 벗어나지 못했다. 여기에서 아쉬운 것은 2008년에 이명박 정부가 아니라 박근혜 정부가 들어섰더라면 남북관계가 더 진전되었거나 최소 경색되지는 않았을 수 있었을 것이라는 점이다. 왜냐하면 2002년 5월에 당시 박근혜 의원은 한국미래연합 창당준비위원장 및 유럽-코리아재단 이사 자격으로 평양을 전격 방문하여 김정일 국방위원장을 만나 여러 가지 화해협력 조치들을 이끌어낸 경험이 있었기 때문이다.

어떻든 이명박 정부와 박근혜 정부를 거치면서 남북한 관계는 더욱 경색되어 2018년 초만 하더라도 미국이 북한을 폭격하고 곧 전쟁이 발발할 것 같은 분위기였다. 2017년 5월에 문재인 정부가 들어선 이후 다행스럽게도 2018년 2월 평창동계올림픽을 계기로 남북한이 고위급 접촉을 통해 화해무드를 조성하고 4월에 남북한 정상이 판문점에서 만나 남북한 평화공존, 경제협력, 전쟁상태의 종결, 한반도 비핵화 등을 내용으로 하는 판문점 선언을 발표하였다. 나아가 같은 해 6월에는 북미 정상이 싱가포르에서 역사적 회담을 갖고 완전한 한반도 비핵화와 항구적인 평화체제 구축을 지향하는 합의문에 서명함으로써 변화의 출발을 알렸다. 이러한 한반도 대내외 정세 변화는 남북 협력 및 통일에 대한 희망을 크게 불러일으켰었다. 그러나 2000년 6월의 남북 정상회담 이후 비슷한 희망에 부풀었으나 초반 8년여의 초기적인 교류협력 말고는 앞에서 언급하였듯이 남한 내 정권 교체 이후 10여 년 동안은 남북한 관계가 경색국면으로 접어들고 오히려 냉전시기의 대치상황과 비슷하게 후퇴하였다는 점을 고려하면 좀 더 냉정하게 현실을 직시할 필요가 있다. 실제로 2022년 5월 윤석열 정부로 정권이 교체된 이후 더욱 경색된 남북관계를 보면 동일한 패턴이 반복되어 씁쓸하다. 그러나 최근 윤석열의 반헌법적 비상계엄에 따른 탄핵 파면 이후 치러진 대통령 선거에서 진보 정권이라고 할 수 있는 이재명 정부가 들어서 남북한 관계가 새로운 국면에 접어들 수 있을 것으로 기대된다.

독일의 통일이 마치 하루아침에 이루어진 듯 보이지만 그 전에 수십 년간 교류협력의 역사가 쌓여서 냉전의 해체 상황 속에서 미국과 소련의 동의와 동독인들의 자발적인 선택에 의해 통일이 이루어졌다는 점을 간과해서는 안 된다. 특히 독일 통일 이후 35년 이상 흐르는 동안 상당한 후유증을 겪었고 오늘날에도 그 여파가 미치고 있는 상황도 우리가 남북한 통일을 추구할 때 고려해야 할 점이다. 따라서 80년 이상을 굉장히 이질적인 체제 속에서 각기 지내온 남한과 북한이 통일을 단기간에 이룰 수 없을뿐더러 갑작스러운 통일은 오히려 재앙을 초래할 수 있기 때문에 바람직하지도 않다. 그러므로 현세대가 그 어떤 통일방안을 정하고 자기 세대에서 통일을 이루겠다는 욕심을 갖는 것은 순진할 뿐만 아니라 오만하다고 할 것이다. 현세대는 기껏해야 북미수교, 북일수교 등을 통해 북한을 국제사회의 일원으로 끌어들이고, 나아가 남북한 간 평화를 정착시키고 교류협력을 활성화하여 장기적으로 현재의 유럽연합 정도의 경제공동체 및 극히 초기 단계의 국가연합 수준에 이르는 것을 목표로 하는 것이 현실적이다. 최근 미국에 트럼프 제2기 행정부가 들어선 상황을 잘 활용하면 경색된 한반도 상황을 평화체제 구축 방향으로 틀어갈 수 있을 것으로 보인다. '전략적 인내' 등의 대북정책으로 인해 북한 지도자를 무시해왔던 미국의 역대 대통령들과 달리 트럼프 대통령이 지난 1기 행정부 시절에 북한의 김정은 위원장을 세 번이나 만났다는 것은 이번 임기 동안 한반도 평화 정착에 새로운 전기를 마련해 줄 것으로 기대를 갖게도 한다. 트럼프 대통령이 북미 수교 등을 통해 한반도 평화정착의 초석을 마련한다면 그는 자연스럽게 노벨평화상을 받게 될 것이다.

개인적으로 냉전해체 후 1990년대 초반에 통일원(현 통일부) 주최 대학생 대상 '통일논문공모전'에 입상하였고 그 후로도 두 차례 남북관계 및 통일을 주제로 한 다른 논문공모전(서울대학교 대학신문사 주최, 아태재단 및 새정치국민회의 주최)에서도 입상한 바 있다. 또한 1990년대 중반의 행정대학원 석사 졸업논문도 남북한 정보통신 통합과 한반도통일을 주제로 썼다. 이때만 해도 냉전해체와 독일통일을 목도하면서 통일 당위론에 입각하여 남북한 통일에 대한 희망을 크게 갖고 이러한 관심을 기울였다. 그러나 2000년대 중반

유럽연합의 집행부가 있는 벨기에의 루벤대에서 유럽연합 정책 관련 석사과정을 졸업하면서 생각이 많이 바뀌었다. 전후 유럽에서는 전쟁의 참화를 다시 겪지 않아야 한다는 공감대가 형성되고 그 일환으로 앞에서 언급한 로베르트 슈망 주도로 1952년에 '유럽석탄철강공동체'(ECSC: European Coal and Steel Community)가 발족되었다. 이후에 ECSC는 EEC(European Economic Community, 1957)를 거쳐 EC(European Communities, 1967)로 확대되었으며, 유럽연합조약(일명 마스트리히트 조약, 1991)을 통해 1993년 '유럽연합'(EU: European Union)이 출범하였다. 유럽연합은 단일시장으로 운용되는 경제공동체를 구가하고 있으며 27개 회원국 중 19개국에서 공동화폐(유로화)를 사용하고 있다. 정치적으로는 각국이 대통령제, 입헌군주제 등 독자적인 체제를 유지하면서 유럽의회를 구성하고 상징적인 수준의 대통령과 외무장관직도 운용하고 있다. 일상적인 생활 속에서 보면 벨기에서 프랑스나 네덜란드로 넘어갈 경우 우리가 서울에서 경기도로 넘어갈 때처럼 아무런 제약이 없다. 경제사회적 활동을 중심으로 보면 유럽연합 내에서 거주하는 시민들은 국가 간의 차이를 거의 느끼지 못할 정도이다.

남북한이 이렇게 유럽연합 수준 정도로 통합이 되어도 우리가 누릴 수 있는 이익은 실로 엄청나다. 전쟁의 공포로부터 해방되는 것은 물론 남북대치와 대규모 군대 유지에 따른 막대한 비용을 대폭 줄여 경제적 생산 활동과 복지 및 교육 등에 투입할 수 있다. 나아가 남한의 자본과 기술, 북한의 자원과 노동력 등이 결합하고 동북아 시장이 확대된다면 경제적 시너지효과는 극대화될 것이며 이를 바탕으로 남한의 경제성장률은 3~4% 정도로 상승하고, 북한은 남한과 중국의 개발시대 경제성장률을 고려하면 7~8%, 심지어 두 자릿수 성장률도 가능할 수 있다. 따라서 현재의 세대는 남북한 평화 정착과 교류협력의 성과를 내는 데 집중하고, 통일은 다음 세대, 아니 그다음 세대의 몫이 되어야 한다. 그러므로 현재의 사회를 주도하고 있는 세대는 생전에 통일을 보지 못하고 죽게 될 가능성이 농후하다. 자기 세대에서 통일을 달성하겠다는 순진하고 오만한 욕심을 내서 재앙을 후세대에게 물려주는 것보다 이게 훨씬 낫다고 볼 수 있다.

글을 마무리 하면서

지난 수년 동안, 나름 치열하게 살아온 삶을 되돌아보고 참고문헌에 제시한 수많은 책들을 읽으면서 삶의 지혜를 배우고 생각을 많이 하며 고민을 깊게 하였다. 이러한 노력의 결과를 『산다는 것은』이라는 제목의 책으로 엮었지만 내가 삶에 대해 얼마만큼 알게 되었다고 단언하기는 어렵다. 이 대목에서 사람이 얼마나 무지한가를 깨우친 소크라테스의 '너 자신을 알라'는 말이 떠오른다. 세상을 알면 알수록 모르는 게 많다는 것을 깨닫게 된다는 의미로 이 말을 해석하면서 위안을 찾는다. 나름의 깊은 생각과 폭넓은 독서를 통해 여러 가지 깨달음과 지혜를 얻어 책 내용에 담았지만 여기서 한 가지를 덧붙인다면 그것은 '결핍'이 주는 역설적 효과에 대한 것이다. '결핍'은 무언가 필요한 것이 없거나 부족한 상태를 말한다. 반대로 '풍요'란 무언가 필요한 것이 넘쳐나는 경우이다. 결핍한 상태에 놓여 있는 사람은 이를 타개하려는 노력을 하게 되지만, 풍요 속에 사는 사람은 그다지 노력할 필요가 없게 된다. 내 경우에는 '결핍'이 넘쳐 났고('결핍의 풍요') 이에 맞서면서 또 다른 가치 있는 것으로 채우려는 노력을 하다 보니 결과적으로 자연스럽게 스스로를 보다 강하게 성장시켜 왔다고 볼 수 있다. 그런 의미에서 우리가 무언가 부족한 결핍 환경에 놓여 있더라도 오히려 이를 자신의 의지를 다지고 스스로를 성장시킬 수 있는 역설적 자산이자 기회로 활용할 필요가 있다. 물론 '결핍'과 '풍요'라는 환경의 차이는 '기회의 평등' 이라는 측면에서 문제가 있고 '결과의 평등'에 크게 영향을 미치는 것도 사실이기 때문에 국가사회적 개선 노력을 적극적으로 펼쳐야 한다.

우리가 유한한 삶을 살다 가기 때문에 지금 이 순간 이 광활한 우주 속 이 사회에서 사람들과 어울려 살고 있다는 것은 정말 감격스러운 일이다. 우리가 이 순간 이 자리에 오기까지 수많은 사람들과 자연의 은혜에 힘입었다. 혼자의 힘만으로는 그 무엇도 할 수 없는 것이 우리 인간이다. 이렇게 보면 우리가 감사해야 할 대상이 지천으로 널려 있다. 따라서 우리는 온 우주와 지구를 위해 할 수 있는 일이 무엇인가 고민하며 작은 것이라도 찾아서 해야 한다. 특히 다른 사람들을 위해 무엇을 할 것인가 치열하게 찾아야 한다. 『그리스인 조르바』의 주인공이 '자신을 구하는 유일한 길은 남을 구하려고 애쓰는 것이다'고 했듯이 다른 사람을 위해 그 어떤 것을 하는 것이 결국 우리 스스로를 위하는 길인 것이다. 이렇게 우리 스스로의 존재에 대한 감사함과 채무의식을 가지고 다른 사람과 자연을 위하여 분투 노력하는 것이야말로 의미 있는 위대한 삶이라고 할 수 있을 것이다.

우리의 삶은 죽은 이들이 다져온 삶의 길 위를 달리다가 죽음의 길 저편으로 사라지는 것이라 볼 수 있다. 그래서 우리의 삶은 뒤에 오는 사람들이 걸려 넘어지지 않고 더욱더 잘 달려갈 수 있게 삶의 길에 놓인 돌부리를 제거하고 좀 더 길을 넓히는 것이어야 한다. 그리하여 우리가 이러한 노력으로 훗날 '후생가외'(後生可畏, 뒤에 오는 사람들이 가히 두렵다, 훨씬 훌륭하다는 말)를 실감하고 우리의 삶의 종착점인 죽음에 이른다면 살아온 길을 스스로 흐뭇하게 돌아보고 기꺼운 마음으로 죽음의 길로 들어설 수 있을 것이다.

우리는 이제 우리에게 주어진 시간이 그리 많지 않음을 보다 명확히 알게 되었다. 그래서 그 남은 시간 동안 어떻게 살아야 하는지에 대해서도 진지하게 숙고해 보았다. 그러나 현실은 여전히 어렵고, 미래는 마찬가지로 불확실하고 숱한 난관들이 우리를 기다리고 있을 것이다. 그러나 어둠이 왔다고 불평하기보다는 이에 저항하여 촛불 하나라도 켜는 것이 더 나은 법이다. 꿈과 희망이 있으면 어떤 어려움도 이겨내고 가능성을 만들어내는 낙관주의에 불을 붙이게 된다. 우리 개개인의 삶이 그렇게 우리의 이웃에게 힘이 되고 미래에 대한 희망을 불러일으키는 촉매제가 된다면 우리의 인생은 위대한 여행으로 역사의 한 페이지를 장식하게 될 것이다.

참고문헌

Arendt, Hannah, *Eichmann in Jerusalem: A Report on the Banality of Evil*, New York: Penguin Books, 1963

Coleman, James S., "Social Capital in the Creation of Human Capital", *American Journal of Sociology* vol.94, 1988

Fromm, Erich, *To have or to Be?*, New York: Harper & Row, 1976

Leonard, Dick, *Guide to the European Union* (Ninth Edition), London: Profile Books Ltd, 2005

McDonough, Yona Zeldis, *Who Was John F. Kennedy?*, New York: Grosset & Dunlap, 2005

Moussis, Nicholas, *Access to European Union* (14th revised edition), Brussels: European Study Seivice, 2005

Pausch, Randy (with Jeffrey Zaslow), *The Last Lecture*, Connecticut: Hyperion, 2008

Putnam, Robert D., B*owling Alone: The Collapse and Revival of American Community*, New York: Simon & Schuster, 2000

Said, Edward W., *Culture and Imperialism*, New York: Vintage Books, 1994

Said, Edward W., *Orientalism*, New York: Pantheon, 1978

Swarup, Vikas, *Slumdog Millionaire*, London: Transworld Publishers, 2005

William Shakespeare, *The Merchant of Venice*, 북플랜트, 2016

EBS 지식프라임 제작팀, 『지식 프라임』, 밀리언하우스, 2009

가네코 후미코 저, 정애영 역, 『무엇이 나를 이렇게 만들었는가』, 이학사, 2012

강대진 외, 『인문학 명강 - 서양고전』, 21세기북스, 2014

강신주 외, 『인문학 명강 - 동양고전』, 21세기북스, 2013

강신주, 『철학이 필요한 시간 - 강신주의 인문학 카운슬링』, 사계절, 2011

강지은, 『지금 무엇을 해야 하는가』, 북다, 2025

개리 거팅 저, 전혜리 역, 『푸코』, 교유서가, 2024

공자 저, 소준섭 역, 『논어』, 현대지성, 2018

김경란, 『안중근』, 씽크하우스, 2008

김경일, 『마음의 지혜』, 포레스트북스, 2023

김경집, 『인문학은 밥이다』, 알에이치코리아, 2013

김계동 외, 『유럽 질서의 이해』, 오름, 2003

김계동 외, 『유럽연합체제의 이해』, 백산서당, 2005

김만권, 『세상을 보는 열일곱개의 시선』, 개마고원, 2007

김복리, 『버락 오바마 설득의 연설문』, 예스북, 2009

김상환, 『왜 칸트인가』, 21세기북스, 2019

김성호, 『생각의 경계 - 생각은 어떻게 지식으로 진화하는가』, 한권의 책, 2014

김일면 저, 김종화 역, 『한일 독립투사 박열』, 국학자료원, 2025

김일영, 『그 시월의 전설』, 연극과 인간, 2013

김춘광, 『희곡 안중근』, 범우, 2010

김태형, 『김태형의 교양 심리학』, 서해문집, 2025

김훈, 『칼의 노래』, 문학동네, 2014
나즘 히크메트 저, 백석 역, 『백석이 사랑한 시, 나즘 히크메트』, 태학사, 2021
넬슨 만델라 저, 김대중 역, 『자유를 향한 머나먼 길』, 두레, 2020
니코스 카잔차키스 저, 이윤기 역, 『그리스인 조르바』, 열린책들, 2009
대니얼 카너먼 저, 이창신 역, 『생각에 관한 생각』, 김영사, 2018
랄프 왈도 에머슨 저, 이종인 역, 『자기신뢰』, 현대지성, 2021
로저 피셔, 윌리엄 유리, 부르스 패튼 저, 박영환·이성대 역, 『Yes를 이끌어내는 협상법』, 도서출판장락, 2003
리자 니엔하우스 저, 강영욱 역, 『미래를 여는 생각 - 66인의 위대한 경제사상가들』, 리오북스, 2016
리처드 J. 에번스 저, 박원용·이재만 역, 『에릭 홉스봄 평전』, 책과함께, 2022
매트 리들리 저, 신좌섭 역, 『이타적 유전자』, 사이언스북스, 2001
명순구, 『법의 눈으로 안중근재판 다시 보기』, 고려대출판부, 2010
묵자 저, 최환 역, 『묵자』, 을유문화사, 2019
미셸 드 몽테뉴 저, 박효은 역, 『좋은 죽음에 관하여』, 아르테, 2024
미셸 드 몽테뉴 저, 손우성 역, 『몽테뉴 수상록』, 문예출판사, 2025
미하이 칙센트미하이 저, 이희재 역, 『몰입의 즐거움』, 해냄출판사, 2021
박석무, 『다산 정약용 평전』, 민음사, 2014
박영숙, 제롬 글렌, 『세계미래보고서 2025~2035』, 교보문고, 2024
박종현 역주, 『플라톤의 국가·政體』, 서광사, 2005
박지원 저, 고미숙·길진숙·김풍기 역, 『열하일기』(상,하), 북드라망, 2013
배철현 외, 『〈낮은 인문학 - 서울대 교수 8인의 특별한 인생수업』, 21세기북스, 2016
버락 오바마 저, 홍수원 역, 『담대한 희망』, 알에이치코리아, 2021

빅터 프랭클 저, 이시형 역, 『죽음의 수용소에서』, 청아출판사, 2020
빌 게이츠 저, 안진환 역, 『소스코드: 더 비기닝』, 열린책들, 2025
빌 게이츠 저, 이규행 역, 『빌 게이츠의 미래로 가는 길』, 도서출판삼성, 1996
사마천 저, 이성규 편역, 『사기』, 서울대학교출판문화원, 2007
사무엘 울만 저, 정성호 역, 『청춘』, 젊은나무, 2000
서울대학교 관악초청강연운영위원회, 『윤석철 - 문학에서 경영을 배우다』, 서울대학교출판원, 2010
서울대학교 인문대학 엮음, 『나이듦에 대하여』, 사회평론아카데미, 2024
성기엽, 『소록도의 마리안느와 마가렛』, 위즈덤하우스, 2017
성백효, 『論語集註』, 한국인문고전연구소, 2017
성백효, 『孟子集註』, 한국인문고전연구소, 2018
수전 손택 저, 이재원 역, 『타인의 고통』, 이후, 2004
시어도어 젤딘 저, 김태우 역, 『인간의 내밀한 역사』, 어크로스, 2020
쌍찐롱 저, 박주은 역, 『마흔 제갈량의 지혜를 읽어야 할 때』 다연, 2011
안광복, 『철학자의 설득법 - 지성과 감성을 흔드는 소피스트 수사학』, 어크로스, 2012
안병대, 『셰익스피어 읽어주는 남자』, 명진출판사, 2011
안중근, 『안응칠, 이토 히로부미를 쏘다』, 푸른나무, 2004
앙드레 지드 저, 김화영 역, 『지상의 양식』, 민음사, 2007
앤 설리번 저, 장호정 역, 『헬렌 켈러는 어떤 교육을 받았는가』, 라의눈, 2014
에리히 프롬 저, 차경아 역, 『소유냐 존재냐』, 까치, 2020
에릭 홉스봄 저, 정도영·차명수·김동택 역, 『에릭 홉스봄 3부작 세트』, 한길사, 2018

에마뉘엘 레비나스 저, 강영안·강지하 역, 『시간과 타자』 문예출판사, 2024
에밀 뒤르켐 저, 황보종우 역, 『에밀 뒤르켐의 자살론』 청아출판사, 2019
에밀 졸라 저, 유기환 역, 『나는 고발한다』, 책세상, 2020
에피쿠로스 저, 박문재 역, 『에피쿠로스 쾌락』, 현대지성, 2022
에픽테토스 저, 노윤기 역, 『나를 위해 살지 않으면 남을 위해 살게 된다』, 페이지2북스, 2024
여명협 저, 신원봉 역, 『제갈량 평전』, 지훈, 2007
월터 아이작슨 저, 이덕환 역, 『아인슈타인: 삶과 우주』, 까치, 2014
위즈덤 편집부, 『성경전서』(개역한글판), 위즈덤바이블, 2024
윤영광, 『칸트와 푸코: 비판, 계몽, 주체의 재구성』, 북콤마, 2025
이문열, 『삼국지』(총10권), 민음사, 1988
이삼성, 『한반도의 전쟁과 평화』, 한길사, 2018
이순신 저, 노승석 역, 『亂中日記(난중일기)』, 여해, 2019
이윤기, 『이윤기의 그리스 로마 신화』, 웅진닷컴, 2000
이창후, 『나를 성장시키는 생각의 기술』, 소울메이트, 2011.
자오위핑 저, 박찬철 역, 『마음을 움직이는 승부사 제갈량』, 위즈덤하우스, 2011
장 모네 저, 박제훈 역, 『장 모네 회고록』, 세림출판, 2008
장 바티스트 뒤로젤 저, 이규현·이용재 역, 『유럽의 탄생』 지식의 풍경, 2004
장 자크 루소 저, 이환 역, 『에밀』, 돋을새김, 2015
장자 저, 박삼수 역, 『장자』, 문예출판사, 2018
제프리 D. 삭스 저, 이종인 역, 『존 F. 케네디의 위대한 협상』, 21세기북스, 2014
조영태, 『인구는 내 미래를 어떻게 바꾸는가』, 김영사, 2024
조영태, 『정해진 미래』, 북스톤, 2016

지나 몰리콘-롱 지음, 권오열 옮김, 『생각을 바꾸는 기술』, 한스미디어, 2011
지재희 역, 『예기』(상 중 하), 자유문고, 2000
짐 코리건 저, 권오열 역, 『스티브 잡스 이야기』, 움직이는서재, 2015
차동광, 『화엄의 미소』, 불교출판사, 2011
찰스 테일러 저, 권기돈·하주영 역, 『자아의 원천들』, 새물결, 2015
찰스 테일러 저, 송영배 역, 『불안한 현대사회』, 이학사, 2019
최명, 『소설이 아닌 삼국지』, 조선일보사, 1993
최인철, 『프레임』, 21세기북스, 2007
최종엽, 『오십에 읽는 순자』, 유노북스, 2023
최진기, 『인문의 바다에 빠져라』, 스마트북스, 2012.
카렌 암스트롱 저, 정영목 역, 『축의 시대』, 교양인, 2010
카를 슈미트 저, 김효전·정태호 역, 『정치적인 것의 개념』, 살림, 2012
칼 구스타프 융 저, 김세영·정명진 역, 『칼 융 레드북』, 부글북스, 2020
칼 구스타프 융 저, 정명진 역, 『칼 융 분석 심리학』, 부글북스, 2021
토마스 힐란드 에릭센 저, 이영래 역, 『인생의 의미』, 더 퀘스트, 2024
폴커 키츠·마누엘 투쉬 지음, 김희상 옮김, 『심리학 나 좀 구해줘』, 갤리온, 2013
표도르 도스토예프스키 저, 김희숙 역, 『죄와 벌』(상,하) 을유문화사, 2012
표도르 도스토예프스키 저, 석영중 역, 『가난한 사람들』 열린책들, 2010
프리드리히 니체 저, 이진우 역, 『비극의 탄생 반시대적 고찰』 책세상, 2005
프리드리히 니체 저, 장희창 역, 『차라투스트라는 이렇게 말했다』, 민음사, 2004
플라톤 저, 강철웅 역, 『소크라테스의 변명』, 아카넷, 2020
플루타르코스, 존 S. 화이트 저, 김대웅·임경민 역, 『한권으로 쉽게 읽는

플루타르코스 영웅전』, 아름다운날, 2021

한강, 『채식주의자』, 창비, 2007

헤르만 헤세 저, 전영애 역, 『데미안』, 민음사, 2009

헬렌 켈러 저, 박에스더 역, 『사흘만 볼 수 있다면』, 사우, 2018

황농문, 『몰입』, 알에이치코리아, 2007

황현필, 『이순신의 바다』, 역바연, 2021

후세 간지 저, 황선희 역, 『나는 양심을 믿는다 - 조선인을 변호한 후세 다쓰지의 삶』, 현암사, 2011

후안 엔리케스 지음, 이경식 옮김, 『무엇이 옳은가』, 세계사, 2022